中国社会科学院国情调研特大项目"精准扶贫精准脱贫百村调研"

精准扶贫精准脱贫百村调研丛书

CASE STUDIES OF TARGETED POVERTY REDUCTION AND
ALLEVIATION IN 100 VILLAGES

李培林／主编

精准扶贫精准脱贫
百村调研·追高来村卷

反贫困的多元路径

刘小珉　等／著

社会科学文献出版社
SOCIAL SCIENCES ACADEMIC PRESS (CHINA)

中国社会科学院国情调研特大项目
"精准扶贫精准脱贫百村调研"
项目协调办公室

主　任：王子豪
成　员：檀学文　刁鹏飞　闫　珺　田　甜　曲海燕

总　序

　　调查研究是党的优良传统和作风。在党中央领导下，中国社会科学院一贯秉持理论联系实际的学风，并具有开展国情调研的深厚传统。1988 年，中国社会科学院与全国社会科学界一起开展了百县市经济社会调查，并被列为"七五"和"八五"国家哲学社会科学重点课题，出版了《中国国情丛书——百县市经济社会调查》。1998 年，国情调研视野从中观走向微观，由国家社科基金批准百村经济社会调查"九五"重点项目，出版了《中国国情丛书——百村经济社会调查》。2006 年，中国社会科学院全面启动国情调研工作，先后组织实施了 1000 余项国情调研项目，与地方合作设立院级国情调研基地 12 个、所级国情调研基地 59 个。国情调研很好地践行了理论联系实际、实践是检验真理的唯一标准的马克思主义认识论和学风，为发挥中国社会科学院思想库和智囊团作用做出了重要贡献。

　　党的十八大以来，在全面建成小康社会目标指引下，中央提出了到 2020 年实现我国现行标准下农村贫困人口脱贫、贫困县全部"摘帽"、解决区域性整体贫困的脱贫攻坚目标。中国的减贫成就举世瞩目，如此宏大的脱贫目标世所罕见。到 2020 年实现全面精准脱贫是党的十九大提出的三大攻坚战之一，是重大的社会目标和政治任务，中国的贫困地区在此期间也将发生翻天覆地的变化，而变化的过程注定不会一帆风顺或云淡风轻。记录这个伟大的过程，总结解决这个世界性难题的经验，为完成这个攻坚战献计献策，是社会科学工作者应有的责任担当。

2016 年，中国社会科学院根据中央做出的"打赢脱贫攻坚战"战略部署，决定设立"精准扶贫精准脱贫百村调研"国情调研特大项目，集中优势人力、物力，以精准扶贫为主题，集中两年时间，开展贫困村百村调研。"精准扶贫精准脱贫百村调研"是中国社会科学院国情调研重大工程，有统一的样本村选择标准和广泛的地域分布，有明确的调研目标和统一的调研进度安排。调研的 104 个样本村，西部、中部和东部地区的比例分别为 57%、27% 和 16%，对民族地区、边境地区、片区、深度贫困地区都有专门的考虑，有望对全国贫困村有基本的代表性，对当前中国农村贫困状况和减贫、发展状况有一个横断面式的全景展示。

在以习近平同志为核心的党中央坚强领导下，党的十八大以来的中国特色社会主义实践引导中国进入中国特色社会主义新时代，我国经济社会格局正在发生深刻变化，脱贫攻坚行动顺利推进，每年实现贫困人口脱贫 1000 多万人，贫困人口从 2012 年的 9899 万人减少到 2017 年的 3046 万人，在较短时间内实现了贫困村面貌的巨大改观。中国社会科学院组建了一百支调研团队，动员了不少于 500 名科研人员的调研队伍，付出了不少于 3000 个工作日，用脚步、笔尖和镜头记录了百余个贫困村在近年来发生的巨大变化。

根据规划，每个贫困村子课题组不仅要为总课题组提供数据，还要撰写和出版村庄调研报告，这就是呈现在读者面前的"精准扶贫精准脱贫百村调研丛书"。为了达到了解国情的基本目的，总课题组拟定了调研提纲和问卷，要求各村调研都要执行基本的"规定动作"和因村而异的"自选动作"，了解和写出每个村的特色，写出脱贫路上的风采以及荆棘！对每部报告我们都组织了专家评审，由作者根据修改意见进行修改，直到达到出版要求。我们希望，这套丛书的出版能为脱贫攻坚大业写下浓重的一笔。

中共十九大的胜利召开，确立习近平新时代中国特色社会主义思想作为各项工作的指导思想，宣告中国特色社会主义进入新时代，中央做出了社会主要矛盾转化的重大判断。从现在起到 2020 年，既是全面建成小康社会的决胜期，也是迈向第二个百年奋斗目标的历史交会期。在此期间，国家强调坚决打好防范化解重大风险、精准脱贫、污染防治三大攻坚战。2018 年春节前夕，习近平总书记到深度贫困的四川凉山地区考察，就打好精准脱贫攻坚战提出八条要求，并通过脱贫攻坚三年行动计划加以推进。与此同时，为应对我国乡村发展不平衡不充分尤其突出的问题，国家适时启动了乡村振兴战略，要求到 2020 年乡村振兴取得重要进展，做好实施乡村振兴战略与打好精准脱贫攻坚战的有机衔接。通过调研，我们也发现，很多地方已经在实际工作中将脱贫攻坚与美丽乡村建设、城乡发展一体化结合在一起开展。可以预见，贫困地区的脱贫攻坚将不再只局限于贫困户脱贫，我们有充分的信心从贫困村发展看到乡村振兴的曙光和未来。

是为序！

全国人民代表大会社会建设委员会副主任委员

中国社会科学院副院长、学部委员

2018 年 10 月

前　言

　　"一个苗族贫困村的精准扶贫实践：以凤凰县腊尔山镇追高来村为例"项目是中国社会科学院国情调研特大项目"精准扶贫精准脱贫百村调研"的一个子项目。根据"精准扶贫精准脱贫百村调研"项目总体要求，本子项目的目的是探讨精准扶贫精准脱贫方略实施以来，当前处于脱贫攻坚战最前沿的国家扶贫攻坚武陵山片区中一个有代表性的深度贫困县的深度贫困村的贫困现状、特点、脱贫动态和社会经济发展趋势，从追高来村脱贫实践中总结当前精准扶贫和精准脱贫经验教训，为我国进一步的精准脱贫事业提供经验和政策借鉴。因此，本子项目将在前人研究基础上，运用民族学与人类学的田野调研方法，围绕追高来村经济社会发展、精准扶贫精准脱贫实践，通过实地调研，客观反映追高来村在精准扶贫精准脱贫实践中取得的成就及面临的困境、存在的问题，以期对国家扶贫攻坚武陵山片区及该片区内的深度贫困县——凤凰县精准扶贫精准脱贫工作中出现的新情况有所了解，为各级政府把握深度贫困问题、破解深度贫困难题、制定政策提供依据。

　　基于上述要求和目的，课题组对凤凰县及该县的追高来村开展了较为全面系统的调研。课题组调研活动分两个阶段进行。第一阶段（2017年2月4~12日），调研组全体人员参加，全面了解凤凰县追高来村的基本情况，包括贫困现状、精准扶贫精准脱贫实施情况等。并特别赶在春节期间，部分外出打工经商的人还在农村过节，在追高来村做行政村问卷调查及住户调查。另外，为了更好了解追高来村的扶贫情况，我们在凤凰县、腊尔山镇分别进行了县级层面、乡镇层面精准扶贫相关问题调研，特别是了解凤凰县、腊尔山镇制订的精准扶贫政策、规划、方案，全县、全镇精准扶贫工作的实施情况等。第二阶段（2017年8月8~20日），此次补充调查，调研组大部分人员参加。另外，课题组个别成员还利用假期去做了几天的专项补充调研。本课题调研得到了凤凰县委、县政府及相关部门的大力支持与配合。

课题组在凤凰进行了三个层次调研。第一，在凤凰县委、县政府相关部门进行了精准扶贫专题调研，得到了凤凰县精准脱贫攻坚领导小组、县"十项工程"协调办、县驻村办、县扶贫开发办、县委宣传部、县政协、县人大、县发展和改革委员会、县财政局、县教体局、县文化局、县旅游局、县人力资源和社会保障局、县民宗局、县统计局等部门的支持。这些部门的领导和工作人员，都对我们的调研工作给予了热情的接待和大力的支持，为我们提供了相关资料。第二，焦点小组座谈会。课题组分别组织了腊尔山镇镇干部、驻村工作队、追高来村村干部和普通村民代表座谈会，从不同层面了解追高来村精准识别、精准扶持、精准管理、精准考核等方面的工作情况。第三，问卷调查和个案访谈。一方面，课题组根据随机抽样原则在追高来村共选取 60 户建档立卡户和 60 户非建档立卡户作为样本框，然后对样本框中的 38 户建档立卡户和 31 户非建档立卡户进行了问卷调查。另一方面，结合问卷调查结果，课题组进行了深度个案访谈。课题组成员根据自己负责专题的研究目的，在村里挑选了一些比较有代表性的个案进行了深入访谈，共访谈 76 人。在进行座谈会、问卷调查和个案访谈的同时，课题组比较全面地收集了县、镇、村各级开展精准脱贫工作的数据及文件资料。

根据课题组两个阶段对追高来村及追高来村所属的腊尔山镇、凤凰县的调研分析，要实现"贫困人口到 2020 年如期脱贫"，巩固脱贫成果，实现有效脱贫而不返贫，追高来村还必须在以往脱贫攻坚工作的基础上，进一步落实中央对深度贫困地区的支持政策，完善精准扶贫机制，调整实施重点和用力方向，攻坚克难，补齐短板。

目　录

第一章

追高来村精准扶贫：
　特征、成效和路径

第一节　引言

　　20 世纪 80 年代之前，中国农村普遍贫困。按照收入贫困线"2010 年标准"（2300 元，2010 年不变价），1978 年中国农村贫困人口[①]达 77039 万人，贫困发生率为 97.5%[②]。20世纪 80 年代初以来，在改革开放背景下，中国通过农村改革解放社会生产力，释放政策活力，贫困人口逐年减少，尤其是东部地区的部分农村贫困人口得到有效脱贫。然后，从"三西"地区[③]建设起步，在全中国范围开始组织政府主导

[①]　全书贫困线如无特殊说明均以此为标准。
[②]　中华人民共和国统计局编《中国统计摘要·2017》，中国统计出版社，2017。
[③]　"三西"地区指甘肃省定西地区、河西地区和宁夏回族自治区西海固地区。1982 年国家组织实施了"三西"扶贫开发计划，这标志着中国开始组织以政府为主导的大规模、有计划的开发式扶贫。

的大规模有计划的开发式扶贫，并重点扶持中西部欠发达地区。进而，连续实施国家"八七扶贫攻坚计划"、《中国农村扶贫开发纲要（2001~2010年）》和《中国农村扶贫开发纲要（2011~2020年）》。在国民经济高速增长驱动下，在中国政府主导的开发式扶贫战略推进下，农村贫困人口显著减少，剩余贫困人口的贫困程度得到有效减轻。按照收入贫困线"2010年标准"，1978～2017年，中国农村贫困人口从77039万人减少到3046万人，有7亿多人口脱贫，贫困发生率从97.5%降低到3.1%，减少了94.4个百分点。当前，贫困人口主要集中在西部及中部的贫困地区，且贫困人口逐步向中西部地区和山区集中。据统计，2010~2017年，西部地区农村贫困人口占全国农村贫困人口的比重从50.9%提高到53.6%，提高了2.7个百分点，中部地区该比重从33.5%提高到36.5%，提高了3个百分点，东部地区该比重从15.6%下降到9.9%，下降了5.7个百分点。[①] 另外，剩余贫困人口居住在山区的占50%，而连续贫困的群体有76%居住在资源匮乏、环境恶劣、自然灾害多发的深山区、石山区、高寒山区、黄土高原地区。[②] 回顾改革开放以来中国农村扶贫的历程可以发现，贫困的空间分布在逐步由全国向中西部欠发达地区集中，即农村贫困人口分布由全国农村普遍分布逐渐变

---

① 根据《中国农村贫困监测报告2017》及《2017年全国农村贫困人口明显减少，贫困地区农村居民收入加快增长》（国家统计局发布，2018年2月1日，http://www.stats.gov.cn/tjsj/zxfb/201802/t20180201_1579703.html）相关数据整理计算。

② 国务院扶贫开发领导小组办公室：《中国农村扶贫开发纲要（2001~2010年）中期评估政策报告》，2010年11月17日，http://www.cpad.gcv.cn/data/2006/1120/article_331605.htm。

为具有共同地理环境特征的区域性大面积分布格局，再到小范围集中于深山区、岩溶山区、高寒山区、黄土高原区和荒漠区。[①] 目前，国家将生态环境恶劣、自然资源匮乏、地理条件弱、基础设施差、贫困面积大、贫困程度深、减贫成本高、脱贫难度大的地区称为深度贫困地区。[②]

2017 年 6 月 23 日，习近平总书记在山西主持召开了深度贫困地区脱贫攻坚座谈会，他强调，脱贫攻坚工作进入目前阶段，必须重点研究解决深度贫困问题，并提出 8 条推进深度贫困地区脱贫攻坚明确要求。[③]2017 年 7 月 10 日，国务院扶贫办下发《关于学习贯彻深度贫困地区脱贫攻坚座谈会精神的通知》，对深度扶贫工作做出具体部署和安排。2017 年 9 月 29 日，汪洋在深度贫困地区脱贫攻坚电视电话会议上强调，要精准施策，攻克坚中之坚，确保深度贫困地区如期实现脱贫目标。[④] 在国家层面，深度贫困主要指"三区""三州""三类人"。[⑤] 各省区根据自身实际情况，确定省级层面的深度贫困问题。湖南省将包括凤凰县在内的 10 个少数民族县确定为深度贫困县，作为当前湖南脱贫攻坚难点与重点。

① 王丽华：《贫困人口分布、构成变化视阈下农村扶贫政策探析——以湘西八个贫困县及其下辖乡、村为例》，《公共管理学报》2011 年第 2 期。
② 《（授权发布）中办国办印发意见支持深度贫困地区脱贫攻坚》，2017 年 11 月 21 日，http://news.xinhuanet.com/politics/2017-11/21/c_1121990069.htm。
③ 习近平：《在深度贫困地区脱贫攻坚座谈会上的讲话》，2017 年 8 月 31 日，http://politics.people.com.cn/n1/2017/0831/c1024-29507971.html。
④ 《汪洋在深度贫困地区脱贫攻坚电视电话会议上强调：精准施策攻克坚中之坚》，《人民日报》2017 年 9 月 29 日。
⑤ "三区"是指西藏、新疆南疆四地州和四省藏区；"三州"是指甘肃临夏回族自治州、四川凉山彝族自治州和云南怒江傈僳族自治州；"三类人"主要包括因病致贫人群、因灾和市场行情变化返贫人员、贫困老人。

凤凰县所处的湖南湘西土家族苗族自治州属"老、少、边、山、库、穷"地区，是湖南省唯一进入国家西部大开发范围的地区，也是我国当前扶贫攻坚的主战场。凤凰县位于湘西州南部，是一个以苗族为主（占全县总人口的58%以上），有汉族、土家族、满族、回族、侗族等28个民族聚居的传统山区农业贫困县，位于国家扶贫攻坚武陵山片区，经济一直欠发达。2017年，凤凰县人均GDP为24656元，仅为湖南省平均水平的48.76%，全国平均水平的41.33%；农村居民人均可支配收入为9142元，仅为湖南省平均水平的70.67%，全国平均水平的68.06%；常住人口城镇化率为38.25%，仅为湖南省平均水平的70.03%，全国平均水平的65.36%。[1] 凤凰县最早于1986年被列为湖南省贫困县，2002年2月被列为国家扶贫开发工作重点县，2008年被列为湖南省"连片开发"项目试点县，2011年被列为国家武陵山片区区域发展与扶贫攻坚试点县。按照收入贫困线"2010年标准"，2016年底，凤凰县共有贫困村155个，建档立卡贫困人口13649户52642人，贫困发生率为14.7%，[2] 比湖南省农村贫困发生率高8.7个百分点，比全国农村贫困发生率高10.2个百分点。因此，凤凰县一直是国家扶贫的重点县，也是目前湖南省确定的深度贫困县，是当前湖南脱贫攻坚的难点与重点，也是中央和湖南省有关部门要在基础设施建设、易地扶贫

---

[1] 根据《凤凰县2017年国民经济和社会发展统计公报》《湖南省2017年国民经济和社会发展统计公报》《中华人民共和国2017年国民经济和社会发展统计公报》的相关数据整理、计算。

[2] 凤凰县扶贫开发办公室：《凤凰县2017年度精准脱贫工作总结》，2017。

搬迁、危房改造、教育扶贫、健康扶贫、就业扶贫、生态扶贫、兜底保障等方面实施倾斜政策的县。

中国地域辽阔，各地发展很不平衡。同样，整体深度贫困的凤凰县，由于自然地理条件和历史原因，各乡镇之间的发展也非常不平衡，尤其是"两山"地区（腊尔山、山江片全部及台地周边的落潮井乡、都力乡、吉信镇、三拱桥乡所辖的部分村）是凤凰县最大的贫困带或连片区域，也是湖南省最大贫困带或连片扶贫开发主战场，其中的典型——追高来村具有特殊集中连片区域的贫困缩影特征。

第二节　追高来村基本状况及农村贫困特征

一　追高来村基本状况

追高来村地处云贵高原向东延伸的最后一个山脉，是武陵山集中连片特困地区、湘西土家族苗族自治州少数民族县和省级层面深度贫困县这三重范围内的典型贫困村庄。追高来村基本情况如下。

（一）自然条件具有高寒山区特征

包括追高来村在内的腊尔山镇具有高寒山区的特征。

一方面，凤凰县是山区县，境内多山，其山属云贵高原延伸部分，系武陵山南支山脉，自西北向东南呈三级台阶递降地势。凤凰东部及南角的河谷丘陵地带为第一级台阶，一般海拔在500米以下，气候较温暖。东北到西南的中间地带为第二级台阶，海拔在500~800米，以中低山和中低山原为主，地势较平缓开阔，谷少坡缓，气候适中。西北部中山山原地带为第三级台阶，腊尔山镇就处于该台阶，海拔在800米以上，最高点为腊尔山的梳子坡，海拔1117米，边缘地带峰峦连绵，谷深坡陡，为中山类型，气候比较寒冷。另一方面，凤凰县属中亚热带季风湿润性气候，但西北部中山山原却有北亚热带的性质。由于西北高、东南低的地势差异，凤凰县气候分为西北高寒山区（腊尔山区和山江区的北半部，海拔800米以上）、较暖区（吉信区和城郊区的南部地区）、其余地区（界于上两类之间）三个类型。[①]

（二）生态环境脆弱，自然灾害时有发生

腊尔山属山区，受自然地理因素的影响，自然灾害时有发生，生态环境比较脆弱。其一，腊尔山河流坡降较陡，植被条件相对较差，汇流时间快，引起洪水灾害的可能性比较大。其二，腊尔山地处高寒山区，每年12月至次年2月经常出现冰冻积雪，往往出现连续5天以上日平均气温低于0℃的严重冰冻天气。比如，1981年1月24~31

---

① 凤凰县地方志编纂委员会编《凤凰县志（1978~2001）》，方志出版社，2015，第95~100页。

日，冰冻严重，凤凰县城至腊尔山的车辆停开 6 天，导致人畜受灾、农作物受损、交通中断。其三，腊尔山平均每两年遭遇一次因暴雨而发生的山洪灾害及其他地质灾害。其四，腊尔山属地质灾害易发区，主要有溶洞塌陷、泥石流等。①

（三）地理位置偏远，生产生活条件较差

追高来村虽然距腊尔山镇政府只有 1.5 公里，但距离凤凰县城 39 公里，距离湘西州州府 40 多公里，远离经济社会活动中心（大城市），接受的大城市辐射带动作用较弱。其所处的腊尔山镇人流量相对较小，基础设施和公共配套设施完备度不高，道路通达度一般。虽然腊尔山镇有到凤凰县城的公共班车，但每天只有两趟往返，遇到下雪冰冻天气，就有可能无法通行。

直到 2017 年上半年，追高来村尚未修通自来水；除了村委会和 15 户村民自己通过移动通信联通网络，村里未整体开通互联网、有线电视、有线广播；还有 1.5 公里通村道路没有硬化；虽然手机移动信号全覆盖，但通信信号不稳、不太强。②

（四）经济社会发展水平较低

追高来村辖 9 个村民小组，7 个自然寨。2017 年初，

---

① 凤凰县地方志编纂委员会编《凤凰县志（1978~2001）》，方志出版社，2015，第 95~100 页。
② 数据来源于 2017 年 2 月课题组对追高来村的问卷调查。

全村有 276 户 1343 人，其中劳动力 804 人。[①]2015 年，追高来村居民人均可支配收入为 3503 元，在腊尔山镇 19 个村中排第 15 名，相当于腊尔山镇平均水平的 78.7%，相当于凤凰县平均水平的 48.1%，相当于湖南省平均水平的 31.9%，相当于全国平均水平的 30.7%。[②]

截至 2017 年 1 月，追高来村有建档立卡贫困户 120 户，占全村总户数的 43.5%；建档立卡贫困人口 496 人，占全村总人数的 36.9%。[③]

（五）该村属于苗族聚居村落，苗族文化底蕴深厚

追高来村所属的腊尔山，是中国东部苗族的核心地区，属明清边墙外的"生苗区"，原来是红苗集中的地方，所以又被称为红苗故里。腊尔山民风淳朴，苗族文化底蕴深厚。2017 年初，追高来村有 276 户，绝大部分为苗族户；[④]1343 人，97% 以上为苗族。年长的苗族农民均用苗语相互交流，有过外出打工、经商经历的人，可以用普通话交流。苗族农户喜欢以苗歌传情交流、以花鼓会友。

追高来村所在的苗区至今仍保持不少苗族的传统风俗习惯，如同姓禁婚、出远门忌讳农历初五、十四、二十三；石家建灶在进屋时左边一间，吴家火堂一定建在进屋右边

---

① 数据来源于 2017 年 2 月课题组对追高来村的问卷调查。
② 根据《中国统计年鉴 2016》、《湖南统计年鉴 2016》、《凤凰统计年鉴 2015》以及《腊尔山镇镇情》（腊尔山镇政府提供的资料）相关数据整理、计算。
③ 数据来源于 2017 年 2 月课题组对追高来村的问卷调查。
④ 所有户为苗族户，是指两种情况：其一是家庭中所有家庭成员都是苗族；其二是家庭成员中有苗族也有其他民族。大部分家庭是第一种情况，少部分家庭是第二种情况。

一间；出丧时，死者脚先出；病人住院回家，未断气的脚先进屋，已断气死了的头先进屋；见血而死或死于屋外，苗语称"打将"，意为恶鬼，此类死法不准入屋内；石家不准吃狗肉；正月初，辰巳日不准挑水进屋（意为和龙抢水将遭天谴）；正月戌日不准扫地（意为扫地会多跳蚤）；正月初一不准吃饭（意为吃饭会多蚊子）；农历一月、七月不准办婚事；药师（即苗族草医医生）不准吃狗肉，吃了狗肉后药方不灵等。苗家重要节日有春节、重阳节，其次还有七月半、元宵节、清明节等。①

苗族是一个十分信奉祖先的少数民族，相关节日和仪式有清明、祭祖仪式。一般办祭祖仪式的原因有五种，分别是连年不顺、经常得病、财运不佳、求子、欠祭。仪式请地方苗族道士来主持，仪式相当隆重，需大请客、大花钱。祭祖礼品比较丰盛，需一头三年以上的公羊、一头120斤以上的黄花黑母猪、三只一年以上的大公鸡、30斤以上的年糕、香纸300斤以上等。祭祖时间要满三天三夜。另外，苗族人很重视苗族节庆，每逢隆重节日如四月八、六月六等节日，他们会相聚在一起庆祝。腊尔山素有"龙灯之乡"的美称，每年春节都要举行舞龙灯活动。

苗族人有团结互助习惯，平时生活中小到农忙农事，大到结婚宴请村民都相互帮忙。不过近年来，这种互助行为逐渐减少，农忙农事基本需要花钱请零工了。

---

① 腊尔山镇政府：《腊尔山镇镇情》（内部资料），2017年2月10日。

（六）有一定发展潜力和后劲

一方面，追高来村土地资源比较丰富，具有高山特色农产品开发优势。全村总面积4.48平方公里，耕地1890亩（其中有效灌溉面积1126亩），园地面积258亩，林地面积673亩，人均耕地1.41亩。[①] 由于地处高寒山区，没有工业污染，具有开发绿色生态特色农产品的先天条件。另一方面，追高来村苗族文化底蕴深厚，民族文化资源丰富，具有较大的民族文化旅游开发潜力。然而由于地理位置偏远、公共服务水平及基础设施落后，追高来村农民与外部连接受阻，长期处于欠发展状态，富饶与贫困并存。

综上所述，追高来村地处凤凰县第三台阶，属于高寒

图1-1 追高来村景色

（吴剑生、刘诗谣拍摄，2018年9月）

① 数据来源于2017年2月课题组对追高来村的问卷调查。

山区，生态环境脆弱、地理位置偏远、交通条件差等原因导致其发展经济机会不足，限制了整体经济社会的发展。村民收入较低，贫困面较广。可以说，追高来村是国家扶贫攻坚武陵山片区内深度贫困县核心区域的少数民族深度贫困村，具有特殊集中连片区域的贫困缩影特征，在深度贫困地区具有一定的代表性。

二 追高来村贫困状况、主要特征

（一）贫困状况

受历史、地理、生态、区位、文化等因素的影响，追高来村所在的腊尔山镇经济社会一直欠发展，因此，中央、省、州、县一直特殊关怀腊尔山地区的经济社会发展。1994 年 3 月，国务院制定和发布《国家八七扶贫攻坚计划（1994~2000 年）》，决定力争在 20 世纪最后七年，集中力量，基本解决全国农村 8000 万贫困人口的温饱问题，全国扶贫开发工作进入攻坚阶段。同年 9 月，中共湖南省委、湖南省人民政府下发《关于支持湘西土家族苗族自治州实施"八七扶贫攻坚计划"的意见》，举全省之力支持湘西扶贫攻坚。12 月，湘西土家族苗族自治州委、州政府下发《关于实施"六六温饱脱贫工程"的意见》，把凤凰的腊尔山、两林、禾库等 7 个乡镇列为州特贫乡镇。湖南省扶贫开发办公室确定腊尔山、两林、禾库等 19 个乡镇为省"八七扶贫攻坚"重点乡镇。此后，包括追高来村在内的腊尔山镇一直是扶贫重点乡镇。

表 1-1 报告的是 2013~2016 年凤凰县各乡镇的贫困人口分布情况。2013 年底，腊尔山镇贫困发生率为 34.6%，是凤凰县 17 个乡镇中贫困发生率第三高的乡镇，比凤凰县平均的贫困发生率高 7.2 个百分点。腊尔山镇贫困人口占全县贫困人口的比重为 6.8%，比其农村人口占全县农村人口的比重（5.4%）高 1.4 个百分点。2016 年初，腊尔山镇贫困人口占全县贫困人口的比重为 7.5%，比 2013 年初的该比重高 0.7 个百分点。说明腊尔山镇相对其他大多数乡镇，不仅贫困面广，而且脱贫难度大，凤凰县贫困人口有继续向包括腊尔山镇在内的"两山"地区集中的态势。

表 1-1 凤凰县各乡镇贫困人口分布情况

行政区	2013 年底贫困发生率（%）	贫困人口合计		脱贫人数				2016 年初贫困人口	
				2014 年		2015 年			
		户数（户）	人数（人）	户数（户）	人数（人）	户数（户）	人数（人）	户数（户）	人数（人）
凤凰县	27.4	25125	98347	3573	15155	3521	15133	18031	68059
沱江镇	20.2	1927	7076	461	1995	273	1160	1193	3921
廖家桥镇	23.0	1842	7060	409	1767	432	1830	1001	3463
木江坪镇	25.8	1442	5403	179	743	182	801	1081	3859
水打田乡	24.8	817	2841	113	416	129	519	575	1906
林峰乡	26.5	926	3211	106	393	132	536	688	2282
阿拉营镇	21.5	1828	6673	521	2111	437	1650	870	2912
新场镇	26.6	1927	6901	278	1136	258	1022	1391	4743
落潮井镇	25.9	909	3908	109	542	176	833	624	2533
茶田镇	20.8	806	2942	163	614	124	526	519	1802
吉信镇	28.5	1739	6542	212	829	215	955	1312	4758

行政区	2013年底贫困发生率（%）	贫困人口合计		脱贫人数				2016年初贫困人口	
				2014年		2015年			
		户数（户）	人数（人）	户数（户）	人数（人）	户数（户）	人数（人）	户数（户）	人数（人）
箪子坪镇	24.0	1351	5094	256	974	207	865	888	3255
山江镇	30.1	1446	5759	145	680	143	648	1158	4431
千工坪镇	30.1	1829	7415	194	923	217	937	1418	5555
麻冲乡	32.0	963	3880	101	437	62	329	800	3114
腊尔山镇	34.6	1532	6703	114	563	217	1005	1201	5135
禾库镇	40.7	2736	11916	132	596	180	851	2424	10469
两林乡	36.0	1105	5023	80	436	137	666	888	3921

资料来源：凤凰县扶贫办。

注：如果没有特别注明，追高来村的贫困数据都来自凤凰县扶贫办或我们问卷调查。凤凰县2014年开始实施贫困户建档立卡后，每年都进行精准识别"回头看""清理"等工作，贫困户、贫困人口是在动态调整的，有可能会出现凤凰县扶贫办统计的贫困数据与统计部门统计不一致，我们问卷调查所获得贫困数据与凤凰县扶贫办提供的数据不完全一致的情况，但这不影响我们对凤凰县及该县的乡镇、村庄的贫困问题研究。这种现象，在其他地区也普遍存在。

追高来村是凤凰县贫困村，也是腊尔山镇贫困村。从表1-2可以看出，2013年底，追高来村贫困发生率为36.9%，是腊尔山镇19个村中贫困发生率第11高的村，比腊尔山镇平均贫困发生率高2.3个百分点，比同一镇的夺西村贫困发生率高11.2个百分点。追高来村贫困人口占全镇贫困人口的比重为7.4%，比其农村人口占全镇农村人口的比重（6.9%）高0.5个百分点。2016年初，追高来村贫困人口占全镇贫困人口的比重为6.9%，比2013年初的数据低0.5个百分点。说明追高来村在腊尔山镇的贫困状况比较严重，但减贫效果相对其他部分村要好。

表1-2　腊尔山镇各村贫困人口分布情况

行政区	2013年底贫困发生率（%）	贫困人口合计		脱贫人数				2016年初贫困人口	
				2014年		2015年			
		户数（户）	人数（人）	户数（户）	人数（人）	户数（户）	人数（人）	户数（户）	人数（人）
腊尔山镇	34.6	1532	6703	114	563	217	1005	1201	5135
叭苟村	27.8	72	285	7	29	12	53	53	203
板拉村	36.2	73	369	5	30	11	61	57	278
大教村	32.0	50	230	4	16	7	26	39	188
大塘村	37.1	72	287	5	28	6	30	61	229
的贺村	33.1	108	455	8	40	15	60	85	355
夯卡村	38.5	102	426	7	31	24	120	71	275
科茸村	37.2	89	373	6	30	7	34	76	309
拉忍村	26.6	58	240	5	24	7	25	46	191
流滚村	41.0	97	454	5	27	7	32	85	395
忍务村	42.6	77	365	5	26	7	32	65	307
苏马河村	36.0	69	334	4	24	16	73	49	237
所德村	38.5	80	360	5	27	22	105	53	228
追高来村	36.9	120	496	8	37	24	106	88	353
夺西村	25.7	111	428	11	44	11	46	89	338
骆驼山村	28.0	72	303	7	34	7	30	58	239
山都村	38.9	64	267	6	33	7	26	51	208
务能村	38.4	62	282	7	28	5	23	50	231
岩坎村	36.1	49	289	3	23	5	29	41	237
追高鲁村	35.3	107	460	6	32	17	94	84	334

（二）贫困特征

如上所述，追高来村是国家扶贫攻坚武陵山片区内的深度贫困县的核心区域的少数民族深度贫困村，具有特殊集中连片区域的贫困缩影特征。其贫困特征与其他农村社区相比，既有共性，又具有特殊性。其主要特征有以下七点。

1. 贫困主要呈现为"相对贫困"和"多维贫困"

如上所述，包括追高来村在内的腊尔山镇是扶贫重点乡镇，得到了凤凰县各种扶贫政策的支持，经济社会呈现快速发展态势，贫困人口稳定减少，贫困程度得到有效缓解，"吃不饱、穿不暖、住不上"类型的绝对贫困现象已经基本消灭。目前的反贫困已经从以解决低层次温饱问题为特点的消除"极端贫困""绝对贫困"，转变为以缩小收入差距为特点的消除"转型性贫困"①、"相对贫困"。目前，追高来村的贫困不是缺衣少食的"绝对贫困"，而是发展能力不足导致的"相对贫困"。也就是说追高来村扶贫已经从以实现温饱、巩固温饱为主要任务的阶段转入提高发展能力、缩小发展差距的新阶段，进入一个更加注重基本公共服务均等化，更加注重提高贫困群体自我发展能力，更加注重解决制约发展的突出问题的新时期。另外，追高来村的贫困不仅呈现收入低的特征，还表现为教育、健康、资产、生活标准等多维贫困。

2. 人力资本贫困特征明显

2017 年 2 月，课题组根据随机抽样原则在追高来村共选取了 38 户建档立卡贫困户和 31 户非建档立卡贫困户进行了问卷调查。38 户建档立卡贫困户包括家庭成员 163 人，31 户非建档立卡贫困户包括家庭成员 164 人。下面，我们

---

① 改革开放以前，受自然、地理、历史、体制等方面制约，中国农村贫困地区大多处于绝对贫困的状态。改革开放以后，一些地区工业化、城镇化进程较快，而另一些自然条件相对较差的地区，工业化、城镇化进程缓慢，就变得贫困了。可以说这种贫困是经济转型（工业化、城镇化）的缓慢造成的，是"转型性贫困"。赵强社：《扶贫模式演进与新时期扶贫对策探析》，《西部学刊》2013 年第 2 期。

根据问卷调查数据，对追高来村贫困状况进行分析。

从表1-3可以看出，追高来村人口患有长期慢性病、大病或残疾的比重为17.3%；建档立卡贫困人口的该数据比整体的略高，为18.4%；非建档立卡贫困人口的该比重比整体的略低，为16.0%。显然，追高来村人口身体健康状况整体较差，建档立卡贫困人口的健康状况更差。

表1-3　追高来村农村人口身体健康状况情况

单位：%，人

农户	健康	长期慢性病	大病	残疾	样本
总体	82.7	11.4	2.2	3.7	325
建档立卡贫困人口	81.6	12.3	0.6	5.5	163
非建档立卡贫困人口	84.0	10.5	3.7	1.8	162

资料来源：精准扶贫精准脱贫百村调研 – 追高来村调研。

说明：①本书统计图表，除特殊标注外，均来自追高来村调研。

②本书对数据库进行统计描述时，没有对数据库的缺失值进行处理。由于有些样本的健康状况、性别、年龄、受教育程度等变量存在不同程度的缺失，存在分健康状况、性别、年龄、受教育程度等汇总样本不一致的现象。这就是表1-3、表1-4、表1-5、表1-8等表总体样本不一致的原因，以下不一一注明。但这并不影响我们对被调查村总体情况的分析。

从表1-4可以看出，追高来村超过一半的人口是文盲或只上了小学，超过六成的建档立卡贫困人口是文盲或只上了小学。

表1-4　追高来村农村人口受教育程度情况

单位：%，人

农户	文盲	小学	初中	高中	中专（职高技校）	大专及以上	样本
总体	20.7	36.0	28.7	5.0	3.0	6.7	296
建档立卡贫困人口	29.9	31.3	23.1	6.8	1.4	7.5	143
非建档立卡贫困人口	11.8	40.5	34.0	3.3	4.6	5.9	153

资料来源：同表1-3。

从表1-5可以看出，追高来村接近三成的劳动力是部分丧失劳动能力的、无劳动能力但有自理能力或无自理能力的，其中建档立卡贫困户的劳动力部分丧失劳动能力、无劳动能力但有自理能力或无自理能力的占比最高，达到29.5%。

从上述分析可以得出，追高来村贫困人口身体素质较差、受教育水平较低、劳动能力较低，因此经济发展的内生动力不足。值得注意的一点是，追高来村不仅贫困人口身体素质较差、受教育水平较低、劳动能力较低，非贫困人口在这些人力资本方面也不容乐观，其与贫困人口的差异并不大。因此，要实现追高来村整体稳定脱贫，防止新增贫困人口或脱贫人口返贫，必须在精准扶贫精准施策的同时，普遍提高村民的身体素质、教育水平和劳动力素质。

表1-5 追高来村农村劳动人口劳动能力情况

单位：%，人

农户	普通全劳动力	技能劳动力	部分丧失劳动能力	无劳动能力但有自理能力	无自理能力	样本
总体	66.1	5.5	10.2	15.7	2.5	236
建档立卡贫困人口	63.4	7.1	12.5	16.1	0.9	112
非建档立卡贫困人口	68.6	4.0	8.1	15.3	4.0	124

3. 贫困人口主要经营传统农业和外出务工，增收渠道较窄

历史、地理、生态、区位、文化等因素限制了追高来村经济的发展，村民生产生活基本呈现这样的图景：年轻力壮的村民基本都外出务工、经商，老人、小孩、病人、

残疾人、妇女留在村里从事传统农业。村民的收入来源主要为务工收入和转移性收入,经营性收入及财产性收入的份额都较小,村民的增收渠道较窄。

表1-6、表1-7与表1-8分别报告了2016年追高来村农户收入和收入构成情况。从表1-6、表1-7与表1-8可以看出,追高来村家庭收入及收入来源具有一定的阶层差异。建档立卡户家庭收入及家庭人均收入相对非建档立卡户或村平均水平,都比较低。虽然追高来村村民家庭主要依靠工资性收入和转移性收入,但建档立卡户家庭对转移性收入与工资性收入的依赖更大,且建档立卡户转移性收入水平大大高于非建档立卡户。

具体而言,建档立卡户家庭总收入、家庭人均纯收入分别相当于追高来村平均水平的81.3%与95.1%,相当于非建档立卡户的66.2%与89.8%。[①]建档立卡户家庭人均农业经营收入水平相当于村平均水平的90.4%,只相当于非建档立卡户的80.9%;建档立卡户家庭人均非农业经营收入只相当于村平均水平的32.8%,更是仅相当于非建档立卡户的18.0%;建档立卡户家庭人均工资性收入相当于村平均水平的82.9%,相当于非建档立卡户的68.6%;建档立卡户家庭人均财产性收入仅相当于村平均水平的

---

① 贫困户家庭总收入与非贫困户的差距同贫困户家庭人均收入与非贫困户的差距,这两个差距存在一定的差异,这主要是贫困户的家庭规模(4.3人)小于非贫困户的家庭规模(5.3人)导致的。在我们以往的经验中,贫困户的家庭规模通常较非贫困户的大。但近两年我们在有些地方的调研中发现,贫困户的家庭规模较非贫困户的小。这可能与现在的扶贫政策大多以户为单位有关,有些农户,为了多得扶贫支持,就采取分户的手段,导致贫困户的平均家庭规模减小了。从这也可以看出,农村部分群体为了获得政府扶持而采取的应对策略。

26.0%，更是仅相当于非建档立卡户的 13.6%。但是，建档立卡户家庭人均转移性收入水平，大大高于村平均水平（相当于村平均水平的 142.1%），更是大大高于非建档立卡户的水平（相当于非建档立卡户的 294.0%）。

表 1-6　2016 年追高来村家庭人均纯收入情况

单位：元，户

农户	家庭总收入	家庭人均纯收入	家庭人均农业经营收入	家庭人均非农业经营收入	家庭人均工资性收入	家庭人均财产性收入	家庭人均转移性收入	样本
总体	46782.5	10141.4	790.0	517.2	6293.7	55.8	2484.6	69
建档立卡户	38041.3	9649.5	714.1	169.8	5219.4	14.5	3531.7	38
非建档立卡户	57497.4	10744.4	883.2	942.3	7611.3	106.4	1201.2	31

包括建档立卡户、非建档立卡户在内的追高来村农户家庭收入来源，按份额从高到低排序，分别是工资性收入、转移性收入、经营性收入、财产性收入。也就是说，包括建档立卡户、非建档立卡户在内的追高来村农户都主要依靠工资性收入和转移性收入，农业经营收入只占家庭总收入的 5%~7.6%，非农业经营收入只占家庭总收入的 1.4%~8.2%，而财产性收入的份额就更小了，不到 1%。

表 1-7　2016 年追高来村家庭收入构成情况

单位：%，户

农户	农业经营收入	非农经营收入	工资性收入	财产性收入	转移性收入	样本
总体	6.4	5.2	68.7	0.4	19.3	69
建档立卡户	5.0	1.4	62.3	0.1	31.2	38
非建档立卡户	7.6	8.2	73.8	0.7	9.7	31

但是，建档立卡户与非建档立卡户的收入来源还是有较大差异的。

其一，虽然工资性收入是贫困户最大的收入来源，但建档立卡户工资性收入份额比村总体低 6.4 个百分点，比非建档立卡户的更是低了 11.5 个百分点，建档立卡户工资性收入的优势大大小于非建档立卡户。我们在村里访谈的时候了解到，虽然有些建档立卡户也有人在外务工，但因为他们受教育水平低、没技能，只能干建筑工地小工或季节性到洞庭湖割芦苇等收入较低、稳定性差的工作，有些建档立卡户的劳动力因为家里有老人、病人需照料，不能外出务工，只能在家附近间歇性地打零工。这些都是建档立卡户工资性收入不高的原因。

其二，转移性收入同样是非建档立卡户的主要收入来源，但建档立卡户转移性收入份额比村总体高 11.9 个百分点，比非建档立卡户更是高 21.5 个百分点，建档立卡户转移性收入的份额大大高于非建档立卡户。这部分说明目前政府主导的精准扶贫的瞄准率是比较高的，减贫效果也是比较好的。

其三，建档立卡户与非建档立卡户的农业经营性收入份额差异最小，但非农业经营性收入的份额差异又比较大。建档立卡户农业经营性收入份额比村总体低 1.4 个百分点（是村总体的 78.1%），比非建档立卡户低 2.6 个百分点（是非建档立卡户的 65.8%）。建档立卡户非农业经营性收入份额比村总体低 3.8 个百分点（是村总体的 26.9%），比非建档立卡户低 6.8 个百分点（是非建档立卡户的17.1%）。这是因为追高来村村民拥有的土地资源、农业实用技术、农业生产固定性资产等农业经营要素的差异不太大，或者说追高来村村民大多还在从事传统的农业生产经营，而建档立卡户在需要资本、人力、经营能力的非农业经营方面劣势凸显，其与非建档立卡户的非农业经营收入就会出现较大的差异。

其四，建档立卡户与非建档立卡户的财产性收入份额都很小，但非建档立卡户财产性收入份额约是建档立卡户的7倍。

同样，家庭人均收入构成情况与家庭总收入构成情况基本一致。

表1-8　2016年追高来村家庭人均收入构成情况

单位：%，人

农户	农业经营收入	非农经营收入	工资性收入	财产性收入	转移性收入	样本
总体	7.8	5.1	62.1	0.6	24.5	327
建档立卡贫困人口	7.4	1.8	54.1	0.1	36.6	163
非建档立卡贫困人口	8.2	8.8	70.8	1.0	11.2	164

综上所述，2016年，追高来村建档立卡户主要依赖工资性收入和转移性收入，农业经营收入也是其重要收入来源。但由于人力资本等方面的差异，相较于非建档立卡户，建档立卡户在打工、经商以及从事非农经营方面都处于劣势；而在获得政府资助方面，处于优势地位；在农业经营方面，与非建档立卡户的差异较小。也就是说，追高来村

建档立卡户原本收入来源主要为经营农业和外出务工，且外出务工的工作不稳定、收入低，增收渠道较窄。正是由于政府转移性收入的大力支持，建档立卡户的收入才得以有目前的水平。

4. "橄榄形"贫困问题突出

如上所述，从收入水平看，追高来村建档立卡户家庭人均纯收入相当于追高来村平均水平的95.1%，相当于非建档立卡户的89.8%。显然，追高来村家庭人均纯收入呈现一定的阶层差异，但建档立卡户家庭人均纯收入水平与全村平均水平差异并没有想象的那么大。这一方面说明，追高来村贫困的认定，不仅遵循收入贫困的标准，还遵循"两不愁、三保障"（不愁吃、不愁穿，保障其义务教育、基本医疗和住房）的多维贫困标准。另一方面也说明，追高来村徘徊在收入贫困标准边缘的人口占据了相当比重，呈现"橄榄形"贫困。

另外，从我们的问卷调查数据可以得出，2016年追高来村建档立卡户家庭人均纯收入高达9649.5元，远远超过2016年国家贫困线（2952元左右，各地略有差异，相当于2010年可比价的2300元），其可能有几方面的原因。

其一，我们了解到扶贫部门和统计部门测量收入时的口径是不一样的，可能我们调查问卷测量收入的口径和统计部门也有差异。扶贫部门在测量收入时，对于政府转移性收入中的一些项目是不计入的，其理由是有些政府转移性收入不是经常性收入项目，比如一些临时性救助项目的补助及一次性补助等。各地的政府转移性收入的项目是不同的，各地扶贫部门测量收入时的口径也存在一定差异。因此，我们在问卷调查时，将被访户的经营性收入、工资性收入、财产性收入及转移性收入按不同细项分类相加汇总后得到的家庭收入和家庭人均纯收入，会远远高于扶贫部门测算的收入。

其二，我们问卷调查时，被访户各项收入的细项，基本按照被访者报告的计入，有些被访者记不住的，我们就按照被访者报告的内容计算、整理后再计入。比如农业经营性收入，我们按照被访户在 2016 年经营的土地面积、种植农作物、单产、单价计算毛收入，然后扣除种子、化肥、农药、人工等成本，得到被访户农业经营收入。这是由农户回忆得出的结果，与统计局样本户记账式得到的相关收入数据相比，不可避免地存在偏差。但这种偏差，应该不会影响我们对追高来村居民收入及贫困问题的总体分析。当然，我们调查的 2016 年追高来村建档立卡户家庭人均收入远远超过 2016 年国家贫困线，一定程度上说明了凤凰县在中央脱贫攻坚行动的统一部署下，所做出的针对贫困村、贫困户的各种努力和扶持措施的成效。

5. 贫困的代际传递和"贫困的代际逆传递"现象凸显

追高来村不仅具有比较明显的贫困的代际传递现象，还具有"贫困的代际逆传递"现象。贫困的代际传递是指在一定的地区或阶层范围内，贫困以及导致贫困的相关条件和因素在代际复制、延续，使子代重复父代的贫困境遇。①"贫困的代际逆传递"指的是父代基于自身的人生任务、对子代的价值期待和情感寄托，通过自我剥削的方式将资源无条件地输送给子代，以此来完成家庭再生产，帮助子代实现向上的社会流动等，从而造成代际压力不断向父代传导、资源不断流向子代、养老空间被不断挤压的社会现象。②

　　一方面，受自然生态、社会经济发展水平等外部因素和农民人力资本积累程度低等内部因素的影响，追高来村长期处于贫困状态，贫困程度较高，贫困脆弱性明显，进而出现贫困代际传递发生率高的特征。另一方面，家在追高来村村民心中具有无法取代的意义，维持家庭的再生产是他们人生首要的任务。在家庭再生产过程中，父辈或是欠下巨额的债务或是以牺牲自己的身体健康和老年生活为代价，为子女读书、结婚和照顾孙辈而辛勤劳动、节衣缩食，通过自我剥削的方式将资源输送给子代。在贫困家庭中，出现这种明显的"贫困的代际逆传递"现象。

　　6. 追高来村"特殊贫困群体"较多

　　我们调研发现，追高来村存在较多的贫困光棍汉和老人、留守儿童。村里目前有30多个30岁以上仍未成家娶亲的光棍汉，这些光棍汉大部分是因为家里穷而娶不上亲。另外，由于"贫困的代际逆传递"，追高来村存在

---

① 张立冬：《中国农村贫困代际传递实证研究》，《中国人口·资源与环境》2013年第6期。
② 刘成良：《贫困的代际逆传递——基于华北、中部农村贫困问题的研究》，《社会保障研究》2016年第2期。

部分老人贫困群体，他们的子女或外出打工或成家另立门户，留下孤独的老人自己耕种田地艰难度日。还有，村里青壮年大多外出经商、务工了，那些贫困家庭外出务工的青壮年，一般没有能力将孩子带在身边抚养、上学，只能将孩子留在村里请爷爷奶奶辈的老人照看，孩子也就成了留守儿童。

7. 追高来村"客观贫困"与"主观贫困"存在一定偏差

2017年2月和8月，我们在追高来村的两次调研发现，追高来村的"客观贫困"与"主观贫困"存在一定偏差。据我们入户访谈的情况来看，部分建档立卡户在接受访谈时，一边对政府扶贫政策表达感恩，一边对自己目前的生活状况表示满意，并对今后的生活有比较好的预期。例如，一个有三个孩子正在外面接受高等教育的建档立卡户告诉我们，他家享受了一系列扶贫政策，包括产业扶贫（优质稻、稻花鱼、养殖等项目）、危房改造（他家属于危房重建）、教育扶贫（三个孩子上大学时的一次性资助）等。虽然三个孩子在外上大学费用较高，目前家庭经济情况紧张，但他在外打工，他老婆在家务农，他觉得生活很幸福，没太觉得自己有多苦有多穷，咬咬牙三四年过后，孩子毕业工作了，他就轻松了。当然，也有部分非建档立卡户会觉得自己家庭经济情况比部分建档立卡户还要困难，自己没有享受扶贫的优惠政策，村里的精准识别（也就是"客观贫困"识别）存在问题。

第三节　追高来村贫困成因机理分析

从理论层面看，贫困问题涉及政治、经济、社会、文化、生态等领域。因此，导致贫困的原因有很多，除了生产要素短缺、远离市场等经济因素以外，还有家庭状况、教育、医疗、社会保障等非经济因素。在部分民族地区，传统文化、习俗也可能会对贫困的发生产生影响，贫困更加显著地表现出复杂的综合性特征。[①] 当然，经济因素与非经济因素的划分不是绝对的，因为经济因素在某些时候可能就包括了非经济因素，而非经济因素中也包含经济因素。

下面，我们就从经济因素与非经济因素两个维度来分析追高来村主要的贫困成因。

一　经济因素

影响贫困的经济因素有很多，如生产要素短缺、远离市场等，都是制约贫困地区经济发展和贫困群体致贫的主要因素。

（一）生产要素短缺

生产要素短缺是导致追高来村贫困的重要原因。生产

[①] 樊坚：《云南拉祜族贫困乡的非经济因素分析》，《云南民族大学学报》（哲学社会科学版）2010 年第 5 期。

要素是指进行社会生产经营活动时所需要的各种社会资源，包括劳动力、土地、资本等内容。

1. 追高来村劳动力资源贫乏

正如表1-3、表1-4、表1-5所报告的，追高来村贫困人口身体素质较差、受教育水平较低。接近三成的劳动力部分丧失劳动能力、无劳动能力但有自理能力或无自理能力，其中建档立卡贫困户的劳动力部分丧失劳动能力、无劳动能力但有自理能力或无自理能力的占比最高，达到29.5%。另外，2014~2016年，因缺劳动力致贫人口均为21人（见表1-9），分别占当年贫困人口的4.05%、4.21%与4.23%。

表1-9　2014~2016年追高来村贫困状况及变化

项目		2014年	2015年	2016年
贫困状况及致贫原因	贫困户数（户）	126	122	120
	贫困人口数（人）	519	499	496
	因病致贫人口（人）	32	26	22
	因学致贫人口（人）	256	250	244
	因缺劳动力致贫人口（人）	21	21	21
贫困人口调整状况	调出贫困户数（调整为非贫困户）（户）		4	
	调出贫困人口数（人）		23	
	调入贫困户数（调整为贫困户）（户）		4	
	调入贫困人口数（人）		20	
脱贫状况	脱贫户数（户）	7	35	
	脱贫人口数（人）	35	80	290
	发展生产脱贫（人）	19	22	130
	转移就业脱贫（人）	18	84	128
	易地搬迁脱贫（人）			11
	社保兜底脱贫（人）			21

说明：该表的数据来自课题组2017年2月到追高来村做的问卷调查。数据由追高来村村两委、驻村工作队、第一书记合作填写。虽然此后凤凰县对精准识别工作进行整改，贫困数据有一定程度的变动，但这些变动，并不影响凤凰县及追高来村贫困整体情况的分析。

2. 追高来村土地资源相对不足

2017年初，追高来村有276户1343人，耕地面积1890亩（其中有效灌溉面积1126亩），园地面积258亩，林地面积673亩。也就是说，人均耕地面积1.41亩，人均有效灌溉面积0.84亩，人均园地面积0.19亩，人均林地面积0.50亩，追高来村农户的土地资源有限。而且，追高来村地处高寒山区，受气候的影响，低海拔地区适宜种植的经济作物追高来村不适宜种，低海拔地方的耕地一年可以生长三季作物，追高来村只有一季或两季。再有，追高来村村落分散，耕地、园地、林地等均承包到村里每户家庭，土地细碎化，农户基本采取独家独户分散经营、分散销售的方式，导致生产产业化程度很低、集约化经营程度不高。这些制约因素，导致农户从农业经营中获得的收入较低（见表1-7、表1-8）。

3. 追高来村经济资本短缺

其一，追高来村村级集体经济几乎是空白，以前没有集体经济收入。追高来村原计划在2017年脱贫摘帽，为此，作为追高来村定点帮扶单位的凤凰县扶贫办，为村集体扶持两个产业项目。一是扶持追高来村建了一个大米加工厂。2017年2月我们去调研的时候，大米加工厂基本建成，但还没有配上合适的电源。8月我们到追高来村追踪调研的时候，大米加工厂已经基本可以运行了，以每年1.2万元的价格承包给村委会主任。估计当时不是稻谷收割时节，我们没看到有工人在厂房操作。二是建设实施光伏发电项目，这个项目还在筹建中，没有经济效益。

其二，据我们在追高来村的观察和访谈，村里农户拥有农业机械的很少，即使有，也都是小型农用耕作机、收割机等。这可能与追高来村耕地细碎化，不适宜大机械作业有关，但更有可能是受村民家庭资产短缺的制约。

其三，在金融方面，据我们的问卷调查，2016年，建档立卡户家庭平均每户有3584.08元存款（包括借出的钱），平均每户有16486.49元贷款（包括借入的钱），贷款约是存款的4.6倍；非建档立卡户家庭平均每户有8084.74元存款（包括借出的钱），平均每户有11793.10元贷款（包括借入的钱），贷款约是存款的1.5倍（见表1-10）。显然，无论建档立卡户还是非建档立卡户，贷款（包括借入的钱）都比存款多，即均处于"负债经营"状态，尤其是建档立卡户，负债相当严重。

表1-10　2016年追高来村农户家庭存、贷款情况

单位：元，户

农户	2016年底家庭存款（包括借出的钱）		2016年底家庭贷款（包括借入的钱）	
	均值	样本	均值	样本
建档立卡户	3584.08	38	16486.49	37
非建档立卡户	8084.74	27	11793.10	29

（二）远离市场

追高来村地处偏远的高寒山区，交通、通信、网络等基础设施不足，公共服务设施欠缺，限制了村里的人流、

物流和信息流；村民远离市场，就业、增收机会不足，进而陷入贫困。

二　非经济因素

贫困不仅是经济问题，也是政治、文化、生态、社会等方面的问题。追高来村致贫原因除了生产要素短缺、远离市场等经济因素以外，还有生态、历史、文化、教育、医疗、社会保障等非经济因素。

（一）自然生态条件严酷致贫

一方面，追高来村地处高寒山区，多为山地，土地平整困难，且干旱、寒冷的时间较长，低海拔地方能发展的产业，如柑橘种植，这里不能发展，农业产业发展受限，农业生产不足以支撑村民致富。另一方面，追高来村生态环境脆弱，干旱与洪涝并存，冰冻、泥石流、溶洞塌陷等自然灾害时有发生。自然灾害导致人畜受灾，农作物受损，给农户带来的破坏和损失常常是很大的，因灾致贫是非经济因素中重要的一点。

（二）历史累积因素致贫

历史上，腊尔山由于特殊的区位，自明清至国民党统治时期，不断被各方势力争夺。受战乱不断、不稳定的社会环境的影响，腊尔山地区的村民家底一直很薄，长期处于贫困状态。新中国成立后，腊尔山地区的村民生产生活才开始稳定，但受国家及凤凰县梯度发展战略等因素的影响，腊尔山地区一直没有得到优先发展，甚至在相当长的时间里成为政府"顾不上的地方"，[①]严重制约村民收入增长和脱贫。

（三）因学致贫

2014~2016年，追高来村贫困人口分别是519人、499人与496人，其中因学致贫人口分别是256人、250人与244人，分别占当年贫困人口的49.33%、50.10%与49.19%。也就是说，一半左右的贫困人口是因学致贫的。这部分家庭有成员在外地大中专学校读书，这些在大中专学校读书的家庭成员，本是年轻的劳动力，因为他们读书，不仅不可以外出打工挣钱，还要家庭为他们负担高额的学费、生活费。一般家境的农村家庭如果家里有1个及以上大中专学生，陷入贫困的风险是很高的。

（四）因病致贫

2014~2016年，因病致贫人口分别是32人、26人与22人，分别占当年贫困人口的6.17%、5.21%与4.44%。虽然追高来村接近100%的人都参加了农村新型合作医疗，但新农合的保障力度毕竟有限，仍有一些人受大病、长期慢性病冲击而陷入贫困。其原因是，这些患大病、长期慢性病的村民，不仅自己失去全部或部分劳动能力，还需要

---

① 凤凰县腊尔山台地产业园区负责人陈久经（凤凰县前县委书记）的访谈。访谈时间为2017年8月13日。

家人的照料，减少家庭劳动力就业（包括务农）的机会。这些家庭收入减少，看病支出提高，从而陷入贫困。在课题组走访的建档立卡户中，几乎每家都有病人。我们问卷中得到的因病致贫率不太高，是因为被访贫困户往往由多种因素叠加致贫，他们认为其他因素更严重，而掩盖了因病致贫的普遍性。

（五）传统观念、习俗的影响致贫

一些不适应现代社会发展的传统观念和习俗仍然影响着部分村民，他们的思想观念、生活习惯、消费方式和生产经营方式中仍残留浓厚的传统色彩。

首先，追高来村早婚早育、多子多福、儿女双全等传统观念，婚丧嫁娶和节庆假日大操大办等传统风俗都还比较盛行，一些村民积攒多年的资金大部分流向了消费或家庭再生产，严重挤占了这些村民的家庭生产、投资资金。这些家庭不具备通过扩大生产经营来有效拉动家庭收入增长的内生条件，从而不能形成有效脱贫致富的能力。更有甚者，一些家庭为了子辈成家，不得不支付高额彩礼，而且往往是家境越差，要支付的彩礼越多。很多家庭因此负债累累，以至于简单的生产经营都难以得到维持，最终陷入贫困。"一婚十年穷"，可以说，婚姻在追高来村成了一个重要的贫困形成因素。从我们的实地观察来看，在追高来村的建档立卡户中，因婚致贫的家庭约占三成。

其次，由于大部分贫困人口文化素质不高，追高来村贫困群体受传统观念影响安于现状，缺乏劳动技能和增收手段，"等靠要"观念比较严重，自我脱贫的内生动力明显不足。其中特别值得关注的是村里的"光棍汉"这个特殊贫困群体，他们大部分因为家里穷而无法结婚。这些人一旦失去了婚配机会，就会对脱贫失去信心，失去自我努力发展的志向，有些人甚至陷入宿命论之中，得过且过，甚至自暴自弃，即便是政府能够给予完善的扶贫措施，他们中的一部分人也都懒得参加。①

再次，追高来村出现了一种可以称为"传统家庭代际关系文化断裂"的现象。一方面，一些家庭的长辈欠下巨额债务或是以牺牲自己的身体健康和老年生活保障为代价，将资源无条件地输送给儿孙，以完成家庭再生产和帮助子代发展；②另一方面，他们的儿孙没有能力或越来越不愿意反哺长辈，传统的长辈抚养儿孙、儿孙赡养长辈的家庭伦理由此断裂，其结果往往是作为长辈的老年人陷入贫困，沦为特殊的贫困群体。这样的现象在追高来村不是个案，是许多老年人贫困的主要原因之一。

（六）社会保障水平较低

据我们在追高来村的调研看，目前村民的医疗、养老

---

① 见本项目的课题专题报告，石金群《追高来村精准扶贫实践的家庭视野》。
② 有些学者称这种现象为贫困的代际逆传递，指父代基于自身的人生任务、对子代的价值期待和情感寄托，通过自我剥削的方式将资源无条件地输送给子代，以此来完成家庭再生产，帮助子代家庭实现向上的社会流动等，从而造成代际压力不断从父代传导、资源不断流向子代、父代养老空间被不断挤压的社会现象。本项目的课题专题报告：石金群《追高来村精准扶贫实践的家庭视野》。

保险的保障水平都较低。新农合的保障力度有限，仍有一些人受大病、长期慢性病冲击而陷入贫困。农村养老保险一年600多元的养老金对老年人来说只是杯水车薪，远远无法满足老年人的正常生活，他们只能靠儿女扶养。如果遇到上文所述的传统家庭代际关系文化断裂，老人就会陷入贫困。

总的来说，追高来村的贫困呈现多元图景，致贫原因复杂，其发展不仅受经济因素制约，还受到非经济因素的影响，这就要求当地政府在反贫困实践中，不仅要补齐经济因素的短板，还要弥补和改善非经济因素的不足。特别值得关注的是，在目前这种国家前所未有的巨大的财力、人力、物力支持下，限制贫困地区和贫困人口发展的经济因素短板相对好补，而历史上形成的一些与市场经济发展不适应的传统观念、习俗，以及"等靠要"想法、宿命论等非经济因素才是打赢脱贫攻坚战的瓶颈。也就是说，破解制约脱贫攻坚瓶颈的关键，在于解决好贫困地区和贫困人口主观思想和精神层面的问题，激发其内生动力，增强其自我发展能力，变被动救济为主动脱贫。只有注重精神脱贫，才能实现长久脱贫。

第四节　追高来村精准扶贫、精准脱贫实践

2014年开始，在中央统一部署下，作为典型的老、少、

山、穷县，国家扶贫开发工作重点县，国家武陵山片区区域发展与扶贫攻坚试点县，湖南省确定的深度贫困县和湖南省脱贫攻坚主战场，凤凰县通过建档立卡，精准识别扶贫对象，积极构建专项扶贫、行业扶贫、社会扶贫"三位一体"大扶贫工作格局，制定精准有效的具体扶贫措施，全面推进精准扶贫工作，取得了阶段性成果。包括追高来村在内的腊尔山镇是凤凰县最大的贫困带，也是湖南省最大的贫困带和连片扶贫开发的主战场，以下着重分析2014~2017年凤凰县追高来村精准扶贫工作的状况，分析追高来村精准扶贫精准脱贫取得的成绩、经验和存在的问题。

一 精准识别

精准扶贫方略的提出就是要解决以往扶贫工作中存在的贫困人口底数不清、情况不明、针对性不强等问题，因此，精准识别是精准扶贫的前提和基础。[①] 2013年底，中办、国办印发《关于创新机制扎实推进农村扶贫开发的意见》，提出由国家统一制定识别办法，并按照以县为单位、规模控制、分级负责、精准识别、动态管理的原则，开展贫困人口识别、建档立卡和建立全国扶贫信息网络系统等工作。2014年5月，国务院扶贫办制定《扶贫开发建档立卡工作方案》（国开办发〔2014〕24号），对贫困户和贫困村建档立卡的目标、方法和步骤、工作要求等做出部

---

① 国务院扶贫开发领导小组办公室：《建立精准扶贫工作机制实施方案》（国开办发〔2014〕30号）。

署。2014 年 4~10 月，国家组织 80 万人深入农村开展贫困识别和建档立卡工作，共识别 12.8 万个贫困村 8962 万贫困人口，建立起全国扶贫开发信息系统。2015 年 8 月至 2016 年 6 月，国家动员近 200 万人开展建档立卡"回头看"工作，补录贫困人口 807 万，剔除识别不准人口 929 万，基本完成贫困识别及动态调整工作。

凤凰县与全国其他地区基本同步开展扶贫开发建档立卡工作。凤凰县为确保建档立卡工作顺利开展，专门成立了凤凰县农村扶贫对象建档立卡工作领导小组，县长任组长，分管副县长和扶贫开发办主任任副组长，各相关单位部门负责人任小组成员，领导小组办公室设在县扶贫开发办，扶贫开发办主任兼任办公室主任，[①] 以确保凤凰县建档立卡工作的顺利实施。2014 年 7 月，凤凰县扶贫开发领导小组下发了《凤凰县农村扶贫对象建档立卡工作方案》（凤扶字〔2014〕3 号）和《凤凰县贫困村识别和建档立卡工作方案》（凤扶字〔2014〕14 号），确定了贫困户、贫困村建档立卡工作原则、程序等。其中，建档立卡贫困人口识别标准为：以户为单元，家庭主要劳动力在 60 岁以下，有劳动能力和较强的脱贫愿望，处于国家扶贫标准线下的农村家庭居民，民政部门已识别登记的农村低保对象。凤凰县建档立卡贫困人口识别流程如图 1-2 所示，凤凰县召开政府常务会或扶贫开发领导小组会，研究工作方案和识别办法，成立班子，将扶贫对象指标按贫困程序分

---

① 凤凰县扶贫开发领导小组:《关于成立农村扶贫对象建档立卡工作领导小组的通知》（凤扶字〔2014〕3 号），2014 年 1 月 22 日。

类安排到乡镇，召开全县启动会，全面宣传发动。这是开始建档立卡贫困人口识别工作的第一步，然后经过8步，填写"贫困户登记表"并整理归档，最后审核、校对贫困户登记信息，并逐级上报。而从追高来村的视角看，建档立卡贫困人口识别程序主要是7步：户主申请→村民小组提名→村民代表评议和票决→村委会审查→腊尔山镇政府审核→县扶贫办复核→凤凰县人民政府审批。

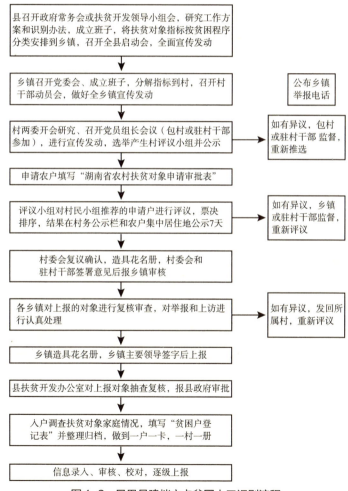

图1-2 凤凰县建档立卡贫困人口识别流程

《凤凰县农村扶贫对象建档立卡工作方案》（凤扶字〔2014〕3号）明确指出，各乡镇要识别的建档立卡贫困人数是以县扶贫开发办分解到各乡镇的扶贫对象人数为基数，减去2013年末低保人数和已识别正在帮扶对象的人数及已识别未帮扶的人数之后剩余的人数。对象范围不能扩大，指标不能突破5%。从2014年4月开始，新确认的农村低保对象原则上在识别登记出来的扶贫对象中依规依程序纳入。由此可以看出，虽然工作方案确定了建档立卡贫困人口识别标准，但2014年各乡镇的建档立卡扶贫对象的数量是按照县里自上而下分配的指标确定的。这种将建档立卡贫困人口数由县扶贫开发办分解到各乡镇，各乡镇再分解到各村的规模控制、逐级分解的方式有可能让乡镇、村等基层的贫困识别出现操作上的困境和偏差。

2014年6月，凤凰县扶贫开发领导小组办公室审核和研究决定，同意24个乡镇上报的29069户98321位贫困人口（见表1-11）。其中，一般扶贫户[①]15528户62395人，低保贫困户[②]13094户34008人，扶贫低保户[③]447户1918人。这也就是2014年凤凰县贫困户建档立卡识别的人口。

根据凤凰县的统一部署，2014年初，腊尔山镇制订了《腊尔山镇2014年精准扶贫工作方案》，并明确了《腊尔

---

① 一般扶贫户是指狭义的贫困户，指家庭有劳动能力，且家庭人均纯收入低于国家贫困识别标准的农户。
② 低保贫困户是指享受了国家低保待遇，家庭人均纯收入仍低于国家贫困识别标准的农户。低保贫困户享受国家低保和扶贫双重待遇。
③ 扶贫低保户是指有劳动能力和劳动意愿的低保户。

表 1-11　2014 年凤凰县建档立卡贫困人口分布情况

单位：户，人

行政区	贫困人口合计		贫困人口属性					
			一般扶贫户		低保贫困户		扶贫低保户	
	户数	人数	户数	人数	户数	人数	户数	人数
凤凰县	29069	98321	15528	62395	13094	34008	447	1918
沱江镇	1480	5191	674	2812	806	2379	0	0
廖家桥镇	1437	5002	821	3070	615	1929	1	3
木江坪镇	1690	5947	976	3915	712	2026	2	6
阿拉营镇	1990	6826	1044	4041	922	2679	24	106
茶田镇	1210	3639	466	1880	598	1179	146	580
吉信镇	1878	6553	1093	4270	785	2283	0	0
山江镇	1566	5495	847	3663	716	1822	3	10
腊尔山镇	1790	6240	1095	4426	695	1814	0	0
禾库镇	1651	4990	798	3480	853	1510	0	0
官庄乡	846	2858	431	1720	411	1126	4	12
水打田乡	992	3274	569	2093	421	1172	2	9
林峰乡	1057	3082	497	1808	528	1135	32	139
都里乡	816	3082	505	2035	306	1005	5	42
落潮井乡	1126	4284	636	2905	490	1379	0	0
新场乡	1173	3511	618	2155	555	1356	0	0
茨岩乡	960	3117	463	1904	497	1213	0	0
三拱桥乡	1299	4239	800	2769	495	1456	4	14
竿子坪乡	344	1177	154	592	190	585	0	0
麻冲乡	1122	3469	677	2283	445	1186	0	0
千工坪乡	1155	3930	476	2422	679	1508	0	0
木里乡	824	3278	451	2008	263	860	110	410
两林乡	1199	4409	616	2731	473	1100	110	578
柳薄乡	944	2743	487	1944	453	790	4	9
米良乡	519	1985	335	1474	184	511	0	0

资料来源：《关于确定 24 个乡镇上报贫困人口的批复》（凤扶字〔2014〕13 号）。

注：2015 年 11 月，湖南省民政厅同意凤凰县乡镇区划调整方案。具体调整为：凤凰县官庄乡、沱江镇成建制合并设立沱江镇；都里乡、廖家桥镇成建制合并设立廖家桥镇；茨岩乡、新场乡成建制合并设立新场镇；三拱桥乡、竿子坪乡成建制合并设立竿子坪镇；米良乡、柳薄乡、禾库镇成建制合并设立禾库镇；木里乡、千工坪乡成建制合并设立千工坪镇。另外，落潮井乡撤乡设镇，保持腊尔山镇、木江坪镇、茶田镇、阿拉营镇、吉信镇、山江镇、林峰乡、水打田乡、麻冲乡、两林乡 10 个乡镇的行政区划不变。本轮乡镇区划调整后，凤凰县共减少 7 个乡镇建制，现辖 13 个镇、4 个乡。因为表 1-11 是 2014 年确定的 24 个乡镇建档立卡贫困人口情况，表 1-1 是 2016 年凤凰县扶贫办整理的各乡镇贫困人口分布情况，所以表 1-11 与表 1-1 的乡镇数是不一样的。

山镇农村扶贫对象建档立卡工作方案》，严格按照户主申请、村民小组提名、村民代表评议和票决、村委会审查、乡镇政府审核、县扶贫办复核、县人民政府审批的程序进行了扶贫对象识别和建档立卡工作，2014 年 6 月，完成全镇 1790 户 6240 位贫困人口（见表 1-11），追高来村的 128 户 478 位贫困人口的识别和上报认定（见表 1-12）。识别、上报、确认后，包括追高来村在内的凤凰县建档立卡户信息被录入全国扶贫开发信息系统，实行信息化管理，为精准帮扶、精准管理工作奠定了基础。

表 1-12　2014 年腊尔山镇建档立卡贫困人口分布情况

单位：户，人

| 村镇 | 贫困人口合计 | | 贫困人口属性 | | | | | |
| | | | 一般扶贫户 | | 低保贫困户 | | 扶贫低保户 | |
	户数	人数	户数	人数	户数	人数	户数	人数
腊尔山镇	1790	6240	1095	4426	695	1814	0	0
叭苟村	101	343	71	265	30	78	0	0
板拉村	79	320	41	222	38	98	0	0
大教村	72	238	46	171	26	67	0	0
大塘村	75	241	48	170	27	71	0	0
的贺村	128	447	89	337	39	110	0	0
夯卡村	107	395	67	264	40	131	0	0
科茸村	90	308	63	230	27	78	0	0
拉忍村	68	265	39	171	29	94	0	0
流滚村	112	366	72	260	40	106	0	0
忍务村	74	295	45	238	29	57	0	0
苏马河村	90	286	52	203	38	83	0	0
所德村	70	289	50	234	20	55	0	0

続表

| 村镇 | 贫困人口合计 | | 贫困人口属性 | | | | | |
| | | | 一般扶贫户 | | 低保贫因户 | | 扶贫低保户 | |
	户数	人数	户数	人数	户数	人数	户数	人数
追高来村	128	478	70	302	58	176	0	0
夺西村	141	501	90	359	51	142	0	0
骆驼山村	94	363	63	276	31	87	0	0
山都村	72	201	38	127	34	74	0	0
务能村	81	258	43	165	38	93	0	0
岩坎村	59	238	41	178	18	60	0	0
追高鲁村	149	408	67	254	82	154	0	0

资料来源:《关于确定 24 个乡镇上报贫困人口的批复》(凤扶字〔2014〕13 号)。

2015 年、2016 年，根据凤凰县的统一部署，腊尔山镇制定《腊尔山镇扶贫对象识别及精准扶贫数据"回头看"工作方案》，开展了清理核查农村低保对象、农村扶贫对象及精准扶贫数据"回头看"工作。

2017 年上半年，中共中央办公厅、国务院办公厅发布《关于 2016 年省级党委和政府扶贫开发工作成效考核情况的通报》，国务院扶贫办发布《关于反馈 2016 年省级党委和政府扶贫开发工作成效考核有关情况的通知》。湖南省 2016 年扶贫开发工作成效考核情况不理想，湖南省委、省政府受到国务院的约谈。约谈后，湖南省委、省政府专门研究、部署了精准脱贫整改工作，湖南省扶贫开发领导小组下发《关于印发〈脱贫攻坚突出问题集中整治整改方案〉的通知》(湘扶发〔2017〕1 号)到包括凤凰县在内的各个有扶贫任务的县。根据该通知，凤凰县委、凤凰县人民政府制定《凤凰县2016年度精准脱贫攻坚存在突出问题集中整改工作方案》（凤发〔2017〕4号），印发到各乡镇等。整改主要涉及四个方面的问题：一是精准识别方面，二是帮扶方面（包括驻村帮扶方面），三是产业建设方面，四是脱贫质量方面。

图1-3　在村民家里做问卷调查

（刘诗谣拍摄，2017年2月）

图1-4　课题组成员与追高来村村民访谈

（洪斌拍摄，2018年9月）

从我们对凤凰县、腊尔山镇政府相关部门以及追高来村干部、群众的访谈情况看，2014年开始精准识别工作时，虽然也明确了贫困识别标准、识别程序，贫困瞄准的精准率比以前大大提升，但仍存在一定的偏差。通过2017年的整改，应该说凤凰县完善了扶贫对象识别机制，贫困人口识别实现了从下至上识别、报告，从上至下布置、认定的双向过程，建档立卡贫困人口数据基本真实可靠。整改后，2014年凤凰县全县共有贫困村120个，建档立卡贫困户24935户、贫困人口36114人。

二　精准帮扶

精准帮扶是指对识别出来的贫困户和贫困村，深入分析其致贫原因，落实帮扶责任人，逐村逐户制订帮扶计划，集中力量予以扶持。[①] 2014年底，追高来村与凤凰县同步完成精准识别、建档立卡工作。为了实现2020年贫困人口如期脱贫、贫困村全部摘帽的减贫目标，2014年开始，凤凰县全面实施精准扶贫、精准脱贫方略。目前，凤凰县形成了政策扶贫、专项扶贫、行业扶贫三位一体的扶贫格局，并建立了"十项工程"政策体系（发展生产脱贫工程、乡村旅游脱贫工程、转移就业脱贫工程、易地搬迁脱贫工程、教育发展脱贫工程、医疗救助帮扶工程、生态补偿脱贫工程、社会保障兜底工程、基础设施配套工程

---

① 国务院扶贫开发领导小组办公室：《建立精准扶贫工作机制实施方案》（国开办发〔2014〕30号）。

及公共服务保障工程），为脱贫攻坚提供了强有力的政策保障。

根据《腊尔山镇精准脱贫"十项工程"实施方案》，针对追高来村的实际情况，追高来村主要实施了发展生产脱贫工程、转移就业脱贫工程、教育发展脱贫工程、易地搬迁脱贫工程、医疗救助帮扶工程、社会保障兜底工程、生态补偿脱贫工程、基础设施配套工程及公共服务保障工程等。

第五节 追高来村精准扶贫、精准脱贫主要成绩和问题

一 追高来村精准扶贫、精准脱贫主要成绩

（一）贫困人口减少，贫困发生率降低，2017年底退出贫困村行列

按照国家对贫困村、贫困人口的界定，以及2017年上半年凤凰县贫困识别整改完成后的统计，2013~2017年，凤凰县精准扶贫和脱贫攻坚工作取得了显著成绩，全县贫困村从186个减少到120个，贫困人口从103553人减少到36114人，贫困发生率从28%降低到10%。同期，

追高来村贫困人口从 519 人减少到 22 人，贫困发生率从 38.5% 降低到 1.6%，且于 2017 年底达到贫困村出列标准，退出贫困村行列。

（二）农民收入稳步增长，生活质量不断提高

2013~2017 年，凤凰县农民人均可支配收入从 5733 元增长到 9142 元（见表 1-13），年均增长 12.4%，比同期湘西州平均增速高 0.4 个百分点，比同期全国平均增速高 3.1 个百分点。凤凰县农民人均可支配收入与全国平均水平的比值从 60.8% 上升到 68.1%。这表明，2013~2017 年，凤凰县农村居民收入逐年递增，与全国的相对差距有所缩小。

当然，凤凰县农民收入平均增长情况可大体代表追高来村农民的收入增长情况，也正是由于追高来村农民收入稳定增长，2017 年底，追高来村成为 35 个脱贫村之一。随着收入水平的提高，包括贫困户在内的追高来村村民家庭生活设施得到改善，生活水平也得到提高。近几年，随着精准扶贫政策的实施，村民的住房情况得到很大改善，楼房占比达到 40% 以上，也基本都是砖瓦房、钢筋水泥房了。易地扶贫搬迁、危房改造项目实施以后，贫困户的住房已基本得到安全保障。另外，村民近几年新建的房子，基本都将人畜分开，且按照现代房屋结构，有淋浴房、冲水卫生间。部分村民集资从山上用管道引泉水到家，使用管道供水，其他村民也都使用清洁井水。

表 1-13　2013~2017 年凤凰县及湘西州、全国农村居民
人均可支配收入比较

年份	凤凰县农村居民人均可支配收入（元）	湘西州农村居民人均可支配收入（元）	全国农村居民人均可支配收入（元）	凤凰县农村居民人均可支配收入与全国之比值（%）
2013	5733	5260	9430	60.8
2014	6415	5891	10489	61.2
2015	7288	6648	11422	63.8
2016	8213	7413	12363	66.4
2017	9142	8273	13432	68.1

资料来源:《凤凰县统计年鉴》(2013~2016 年)、《湘西统计年鉴·2016》、《中国统计年鉴·2017》、《凤凰县 2017 年国民经济和社会发展统计公报》、《湘西州 2017 年国民经济和社会发展统计公报》、《中华人民共和国 2017 年国民经济和社会发展统计公报》。

（三）公共基础设施不断改善，基本公共服务得到进一步加强

第一，凤凰县农村的基础设施有了很大改善。2016 年以来，凤凰县大力实施农村自然寨连通公路建设，农村公路接近全覆盖，自然寨进寨主干道路面基本经过硬化。追高来村有通村道路 5 公里左右，其中 3.5 公里左右已经硬化；村内通组道路 3.5 公里，大约有 0.7 公里尚未硬化；通村公路大部分已经扩宽到 4.5 米，少部分还是 3.5 米宽。

第二，凤凰县农村的教育、文化、医疗卫生等公共服务的供给能力和水平有所提高。精准扶贫方略实施以来，凤凰县新建、改建了各个村的公共服务活动场所，包括村文化室、村卫生室、村民健身文化娱乐场所、村级广播室等；在各行政村安装高清号角喇叭，以及实施广播电视工程；在各行政村基本建一个文化广场，配备文化墙、音

响、灯光等设施；进行农村义务教育学校标准化建设，包括改扩建农村的教学点、中心完小，等等。我们在追高来村调研时，就看到了设施比较现代、齐全的村委会办公室、村文化室、村卫生室、村广播室、村教学点。

第三，在实现社会保险制度全覆盖的基础上，凤凰县政府给予特殊贫困人口参保费用补贴，确保贫困人口新型农村养老保险、新型农村合作医疗参保率达到100%。另外，在最低生活保障等救助制度方面，凤凰县逐步提高补助标准，实现了低保、扶贫政策的有效衔接。困难群众基本生活救助资金项目，已走上规范化管理，由临时不定期救助向定期定量救助转变，做到精准救助。追高来村的低保户等困难群体，都享受到了按时转入账户的低保补助。

二 追高来村精准扶贫、精准脱贫面临的困境、存在的问题

虽然2017年底，追高来村按计划实现了脱贫出列，但相对其他村、其他地区，仍面临一些困境，还存在一些问题。

（一）追高来村的区位劣势并没有实质性改善

追高来村地处凤凰县第三台阶的高寒山区，海拔较高，地理位置偏僻，远离经济社会活动中心（大城市），接受大城市辐射带动作用能力较弱。虽然近年来基础设施和公共配套设施有所改善，但追高来村的人流、物流、资金流仍然不够畅通，区位劣势并没有实质性改善。

（二）追高来村村级集体经济仍然薄弱

一方面，以前追高来村村级集体经济几乎为空白，没有什么集体经济收入。2016年，追高来村定点帮扶单位凤凰县扶贫办，为村集体扶持两个产业项目。一是扶持追高来村建了一个大米加工厂，目前以每年1.2万元的价格由村委会主任承包；二是建设实施光伏发电项目。2017年底，包括大米加工厂的租赁费、土地租赁费等费用，追高来村的集体经济收入在5万元以上，达到了贫困村退出标准中对村集体经济收入的要求。但该村没有集体企业，目前的村集体经济收入，也主要是为了实现脱贫出列，政府以扶贫项目"输血"方式实现的，村级集体经济仍然薄弱。另一方面，追高来村发展产业欠基础、少条件、缺项目，村里少有的产业项目规模小、抗风险能力弱，对贫困户的带动作用有限。

（三）追高来村基础设施和公共服务供给水平、质量仍不高

经过最近几年精准扶贫、精准脱贫工作的开展，追高来村基础设施和公共服务水平得到很大提高，通村通组公路基本硬化达标，农户也基本实现安全饮水，村民基本医疗保险及养老、低保、特困人员供养保障政策落实到位，村民小病在村卫生室就医也比较方便，但基础设施和公共服务的供给水平和质量仍不高。比如还有部分村民没有实现管道供水；通信网络覆盖不足；村教学点在2017年9月被撤并到腊尔山镇完小，虽然镇完小的教育设施和

师资力量更好，但村民子女上学路途远了很多，小学教育的可及性和便利性有所降低；等等。另外，和部分其他欠发达地区农村一样，追高来村偏重于基础设施性公共服务建设，如修公路、路灯等，而忽视了生产性公共服务建设，如农村机耕道、水利基础设施、农技推广系统、农副产品交易平台、劳动力市场信息服务平台、商贸物流基础设施、生产风险防范和保险体系等不够完善或严重不足。[①] 也正是生产性公共服务的缺乏和不足，严重制约了追高来村村民经营性收入的增长。

（四）村民稳定增收的渠道仍然不宽

虽然实施精准扶贫方略以来，追高来村也实施了凤凰县精准脱贫"十项工程"中的大部分工程，但由于各种原因，其中有些扶贫工程还未能或很少惠及追高来村，比如乡村旅游脱贫工程。目前，凤凰县正在实施全域旅游工程，不少以前的贫困村因为实施乡村旅游脱贫工程，成了开展苗族风情游、农旅体验游和休闲度假游等的特色村寨，村民不仅实现了脱贫而且走上了致富道路。目前，追高来村虽然脱贫出列了，但大部分村民，包括已经脱贫的村民，主要的增收渠道仍旧是家庭中的青壮年外出打工与家庭中的老人、妇女在家从事农业经营。通过参与产业扶贫项目，贫困家庭从事农业经营的收入有所增长，但村民稳定增收的渠道并没增加多少。

① 王春光、孙兆霞：《分享共赢视角下的武陵山区扶贫开发与社会建设》，《贵州社会科学》2013年第10期。

（五）优势产业发展仍存在一定问题

根据追高来村自然、生态环境条件，"优质水稻 + 稻花鱼"生态种养、猕猴桃种植、黑猪养殖都是村里的优势产业，作为精准扶贫的产业扶贫项目得到政府和驻村工作队的大力扶持。据村民估计，"优质水稻 + 稻花鱼"生态种养，每亩可为农户增收 3000 元左右。黑猪的市场价格也比较好，养殖黑猪也能为村民的增收做出贡献。但目前，因地理环境影响和多种因素制约，追高来村的优势产业还没形成规模，加工能力低，交易流通不畅，市场化程度不高，与做大做强还有一定距离，能否稳定发展也是不可预期的。因此，虽然贫困户因得到政府精准扶贫"输血式"不计成本的产业扶持，短期内实现了脱贫；在脱贫巩固期可以享受"脱贫不脱政策"，继续获得"输血式"扶持，但是，巩固期过后，一旦失去了"输血式"扶持，这些脱贫后的农户能否继续稳定发展这些优势产业，以保持增收能力，仍存在一定的不确定性。也就是说，追高来村优势产业发展前景不太明朗，产业扶持脱贫的农户存在返贫的风险。

（六）精准扶贫行动中，贫困户参与度不太高，参与的程度也不深

从我们在追高来村的调研来看，精准脱贫"十项工程"除了教育发展脱贫、医疗救助脱贫、异地搬迁脱贫、社会保障兜底脱贫等工程，贫困户参与度高、收益程度也

较高外，转移就业脱贫、发展生产脱贫等工程贫困户的参与度不太高，参与的程度也不深。其原因主要有两方面。一方面，在扶贫开发中，产业发展模式基本由政府主导，产业发展规划中的行动模式单一，往往采用引入企业、能人带动等手段。这在客观上就容易导致贫困人口参与的空间非常有限。另一方面，大多数贫困人口文化程度低、思想比较保守，思维观念还停留在自给自足的自然经济时期，自我发展动力不足，得过且过，安于现状，对各种需要发挥主观能动性的脱贫活动很不积极，依赖政府的政策扶持。比如，即使他们参与了"优质水稻+稻花鱼"生态种养扶贫项目，也只是被动地跟着村干部或大户（往往村干部和大户是重叠的）种养，很少会积极主动跑市场跑销售等。哪怕政府为其支付了种苗等成本，他们所获得的产业发展的收益也不太大。因为，优质稻的大部分销售业务由几个大户包揽，最大的利润也由这些大户获得，当然市场风险也由这些大户承担。

（七）劳动力外流现象严重

青壮年劳动力外出就业会给村庄及家庭带来各种影响。一方面，劳动力外出就业能够快速为贫困家庭增加收入，带动家庭脱贫致富。另一方面，村里青壮年外出，农村中出现了老人、妇女、儿童"三留守"以及农村"空心化"、农民"老龄化"等一系列问题，致使一些产业扶贫项目因缺乏高素质人才实施而收不到良好的效果。据我们的问卷调查结果，目前追高来村贫困户中有 37.1% 的家

庭劳动力 ① 外出务工，非贫困户中有 47.5% 的家庭劳动力外出务工，而且留在村里务农的家庭劳动力也大多是老人和妇女。我们在村里调研时了解到，最近几年，由于发达地区产业结构调整，对简单劳动者需求的相对减少使得农民务工机会也减少了，追高来村有些外出打工的青壮年回到了农村。他们回到村里后，一些人被选举成了村、组干部，一些人成立小微企业进行创业，还有一些人在家经营农业并伺机寻找外出经商务工的机会，劳动力外流现象得到遏制。

第六节　结论和政策建议

以上对追高来村的贫困状况、特征，致贫机理，精准扶贫实践及其取得的成就，存在的困境及面临的问题进行了比较全面的分析。可以看到，从 2014 年起，包括追高来村在内的凤凰县开始了精准识别、建档立卡工作，建立了贫困户电子信息档案。2015 年、2016 年，凤凰县开展了精准脱贫攻坚"回头看"工作。2017 年 4~10 月，包括追高来村在内的凤凰县对脱贫攻坚中存在的一些突出问题进行了整改。

---

① 家庭劳动力是 16 周岁及以上非在校学生。

这次对脱贫攻坚工作的全面整改，组织空前，力度空前，措施空前，成效也空前。首先，组织空前。凤凰县实行"1+4+10"组织体系，完善了由县委书记任组长的县脱贫攻坚领导小组人员组成和职责分工，调整充实了县精准脱贫攻坚领导小组办公室、精准脱贫"十项工程"综合协调办公室、驻村扶贫工作领导小组办公室、扶贫开发领导小组办公室等4个办公室以及精准脱贫10大工程指挥部，提升了凤凰县精准扶贫组织领导效能，加大了脱贫攻坚实施力度。2017年11月，为了加强精准脱贫督查考核，凤凰县根据工作需要将县精准脱贫攻坚领导小组办公室、精准脱贫"十项工程"综合协调办公室、驻村扶贫工作领导小组办公室实行合署办公，进一步增强了人员组织效能。

其次，力度空前、措施空前。凤凰县在原有各项扶贫政策的基础上，进一步加大各项政策、措施的支持力度和覆盖面，对全县整体进行分类指导，多措并举，综合帮扶。比如，实施湖南省最高标准的贫困生救助政策，对学前至高中阶段农村建档立卡户、城乡低保户、孤儿（含事实孤儿）、残疾（含残疾家庭子女）学生实施免费教育，并按照不同的学龄给予相应的补助。特别值得一提的是，从2017年秋季起，免除凤凰县所有农村户籍、城乡低保、孤儿（含事实孤儿）、残疾（含残疾家庭子女）学生在县内义务教育阶段就读的作业本费、教辅资料费，以及在县内高中阶段就读的学费、教科书费、教辅费、住宿费、作业本费、高一新生体检费等费用等。为此，凤凰县政府每年要从县级财政额外支出3000多万元。还有，从2017年

5月1日起，凤凰县正式实施建档立卡贫困对象"一站式"医疗救助工作，建档立卡贫困户在县域内定点医疗机构住院总费用报销比重达90%以上，在县外定点医疗机构住院总费用报销比重达80%以上。

最后，成效空前。通过2017年的整改，凤凰县贫困人口识别实现了从下至上识别、报告，从上至下布置、认定的双向过程，建档立卡贫困人口数据基本实现了真实可靠。这为因户因人施策、有针对性地帮扶，奠定了基础。也正是通过精准识别、力度空间的扶持，2017年凤凰县精准扶贫、精准脱贫工作取得决定性的成绩。2017年，凤凰县实现了35个贫困村脱贫退出，其中包括追高来村脱贫出列；实现了4212户17415人脱贫退出，其中包括追高来村37户156人脱贫退出。

虽然追高来村的精准扶贫精准脱贫工作取得了很大的成绩，但是，如果要巩固脱贫成果，实现有效脱贫而不返贫，追高来村仍面临一些问题和困难，特别突出的是：追高来村的区位劣势并没有实质性改善；村级集体经济仍然薄弱；村基础设施和公共服务的供给水平和质量仍不高；村民稳定增收的渠道仍然不多；村优势产业发展仍存在一定问题；精准扶贫行动中，贫困户参与度不太高，参与的程度也不深；劳动力外流严重；等等。针对这些问题，在今后两年多的精准脱贫巩固期，追高来村还必须在以往脱贫攻坚工作的基础上，进一步落实中央对深度贫困地区的支持政策，完善精准扶贫机制，调整一些实施重点和用力方向，攻坚克难，补齐短板。

一　进一步加大政府对腊尔山集中连片贫困地区的支持力度

（一）加大生态治理

加大生态治理，带动包括贫困人口在内的村民参与生态保护、生态修复工程建设和发展生态产业，在生态治理的同时，提高村民的收入，改善村民的生产生活条件，并对居住在"一方水土养不活一方人"地方的村民尽量实施易地扶贫搬迁，彻底改善村民的居住环境。

（二）加强基础设施建设，提高公共服务，特别是生产性公共服务的供给和质量水平

继续探索包括腊尔山高寒山区在内的少数民族高寒山区脱贫解困路径，进一步加大政策扶持，加大基础设施和公共服务设施的建设力度，提高腊尔山高寒山区公共服务的可及性，重点抓好村寨路网建设，实现相邻县、乡镇、村之间公路对接与硬化，改善腊尔山高寒山区的区位劣势，彻底解决腊尔山山区行路难和农产品运输难的问题。

同时，提高生产性公共服务的供给和质量水平，包括村民急需的产业机耕道、人畜饮水工程、水利基础设施、农技推广系统、农副产品交易平台、劳动力市场信息服务平台、商贸物流基础设施、生产风险防范和保险体系等生产性公共服务，逐步实现腊尔山高寒山区基本公共服务主要领域指标接近凤凰县平均水平，加快破除发展瓶颈，努力改善村民生存、发展环境，提高包括贫困人口在内的

所有村民的自我发展能力，改善腊尔山高寒山区的区位劣势。

（三）加强村集体经济建设

目前村里有大米加工厂、光伏发电两个项目，每年可以为村集体增加一定的收入，但收入还是比较少。追高来村比较成熟的产业扶贫项目有"优质水稻＋稻花鱼"生态种养、猕猴桃产业、湘西黑猪等，由于资金投入有限等各种原因，规模都比较小。可以引进公司，采取"公司＋村集体＋贫困户"股份制模式，或建立、完善合作社，采取"合作社＋村集体＋贫困户"股份制模式，扩大产业规模。村集体以项目资金入股，贫困户以土地、扶贫资金、小额扶贫贷款等入股，折股量化，配股到户，按股分红。贫困户既可得到分红收入，又可得到在产业务工的收入，村集体也可以得到分红收入，不但做大了村集体经济，而且辐射带动了贫困户和其他村民的产业发展。

另外，凤凰县是全国知名的旅游目的地，正在实施全域旅游发展战略。追高来村不仅有丰富多彩的苗族文化，还有高寒山区特有的农业和自然风光，可通过实施乡村振兴计划，探索由农业村变成旅游村的路径，走一三产业融合发展的道路，此举不仅可以扩大村民增收渠道，还可壮大集体经济。

（四）逐步扩大农村社会保障覆盖范围，提高保障水平

逐步扩大农村社会保障覆盖范围，提高保障水平，降

低农村居民因病致贫、因年老致贫、因灾致贫的风险。另外，由于因病致贫、因病返贫是包括追高来村在内的贫困地区长期贫困的重要影响因素，因此，健康扶贫在整个脱贫攻坚战里面起到非常重要、关键的作用。[1] 在提高新农合、医疗救助等健康扶贫效果的同时，还应重视健康和营养对于人力资本的影响。一方面，重视儿童的健康和营养。已有研究认为，人力资本的投入越早回报率越高。给儿童尤其是 0~3 岁幼儿提供有质量的营养干预，不仅可以从源头提升深度贫困地区的人力资本，还可以助力切断深度贫困地区贫困的代际传递。另一方面，重视深度贫困地区健康观念的培养和卫生条件的改善，包括提升深度贫困乡村人畜饮水的清洁程度、保护社区卫生环境、传播先进的卫生常识、改善食物营养等。[2]

二　注重扶贫同扶志、扶智相结合

一些历史上形成的与市场经济发展不相适应的传统观念、习俗、宿命论，以及"等靠要"思想等是导致贫困的重要因素，是打赢脱贫攻坚战的瓶颈。因此，破解制约脱贫攻坚瓶颈的关键，在于扶贫同扶志、扶智相结合，补齐"精神短板"，建立正向激励机制，激发贫困人口的内生发展动力，实现有效、稳定脱贫。

① 《国新办举行实施健康扶贫工程有关情况新闻发布会》，http://www.cpad.gov.cn/art/2016/6/21/art_624_50787.html，2016 年 6 月 21 日。

② 李静：《增强内生动力，打破贫困的代际传递》，http://theory.gmw.cn/2018-02/23/content_27774562.htm，2018 年 2 月 23 日。

（一）补齐"精神短板"，实现"精神脱贫"

进一步发展深度贫困地区文化教育事业，实施"文化建设"工程，建立"乡规民约"，摒弃与市场经济、现代文明发展不相适应的传统习俗。

其一，基于中央政府对深度贫困地区高度关注、高度支持的背景，大力发展文化教育事业，实现深度贫困地区文化教育的超常规发展，提高贫困村民素质，使之成为有文化、懂技术、会经营、能脱贫的新型村民。值得注意的是，虽然追高来村贫困人口受教育水平较低，但是非贫困人口受教育水平与贫困人口的差异并不大。这说明，要实现深度贫困地区整体稳定脱贫，防止新增贫困人口或脱贫人口返贫，必须在精准扶贫、精准施策的同时，普遍提高村民的文化教育水平。

其二，实施"文化建设"工程。首先，坚持以政府为主导，加强农村文化基础设施建设，尤其要加强深度贫困地区农村文化设施和文化活动场所的建设。其次，建立"文化常下乡，文化常在乡"的长效机制，满足村民日益增长的精神文化娱乐需求。最后，要以创建文明村、文明户等为载体，积极引导村民崇尚现代文明，移风易俗，形成文明健康的生活方式和社会风尚。

其三，建立乡规民约，摒弃与市场经济、现代文明发展不相适应的传统习俗。贵州省安顺市平坝区乐平镇的塘约村，在实施精准扶贫战略时，不仅实施各种扶贫项目，实现了村民的"物质脱贫"，还针对村里滥办酒席、不赡养父母、不讲诚信等陈规陋习，建立了相关的乡规民约，实现了村民的"精神脱贫"。违反规定的村民会被纳入"黑名单"，取消享有的荣誉称号及部分优惠政策，直至考察合格后，才能退出"黑名单"，继续享有村两委提供的服务和国家的优惠政策。[①] 塘约村这样的乡规民约，不仅提高了村民的文明意识，还大大减少了村民的非理性消费，增加了村民的生产、投资资金，进而提高了村民生产经营能力，促进了村民的"物质脱贫"。

（二）建立正向激励机制，激发贫困人口的内生发展动力

其一，创新扶贫工作的方式方法，多采用劳务补助、生产奖补、以工代赈等正向激励机制，让贫困群众在劳动参与中增强自我发展能力、树立"我能依靠自己脱贫"的信心。教育引导贫困群众靠自己的辛勤劳动改变贫困落后面貌。

其二，加强"党建扶贫"的作用。一方面，驻村党员干部和村两委要深入贫困群众，对接贫困群众需要，积极帮助贫困群众谋思路、找门路、挖穷根，让贫困群众看到脱贫希望、找到致富出路。另一方面，强化党员干部的带头示范效应，让党员干部带着贫困群众干，激发贫困群众的干劲、志气，让贫困群众在党员干部的带动下实现勤劳致富。

① 王宏甲：《塘约道路》，人民出版社，2016。

其三，将产业扶贫项目向深度贫困地区和深度贫困群众倾斜，推动扶贫开发模式由"输血"向"造血"转变。加快深度贫困地区贫困群众脱贫致富，"输血"等外部力量的帮扶不可或缺，但"造血"能力的提升，才能保证他们能持续、稳定脱贫。产业扶贫是提高贫困群众"造血"能力的最佳途径。产业扶贫包括贫困群众直接受益的农业产业扶贫、企业就业扶贫，也包括近年来新兴的旅游扶贫、光伏产业扶贫、电商扶贫等形式。深度贫困地区应该根据自己的资源禀赋，发展有本地特色的优势产业，如民族文化旅游业、特色种养业等。当然，在实施产业扶贫过程中，必须创新产业发展思路，探索能够较大幅度提高贫困群众收入的主导性产业，同时考虑产业的市场风险。

第二章

追高来村精准扶贫实践的家庭视野

第一节　追高来村家庭状况

　　追高来村辖 9 个村民小组，7 个自然寨。截至 2017 年 1 月，全村有 276 户 1343 人，其中劳动力 804 人。[①] 村中人口大致分为三层。富裕层通常是村庄中的精英群体，他们人脉广、懂交际，善于抓住市场机会，这类群体在村中数量不多。比较多的是中间层，主要依靠家庭内劳动力的务农或者打工的经济收入，其内部也存在着一定的差异，但是这种差异基本上是随着家庭生命周期的发展因劳动力配置形态而改变的，如家庭成熟期阶段的收入水平往往

---

　　① 数据来源于 2017 年 2 月课题组对追高来村的问卷调查。

高于形成期、成长期以及衰退期的收入水平，家庭内劳动力的数量、素质以及所处行业的性质决定了收入水平的差异。第三是贫困层，共有 120 户，占村总户数的 43%，贫困的原因主要是缺乏有效的劳动力、疾病和教育。

家庭结构以核心家庭和主干家庭为主，老人与子女住在一起的占绝大多数。按照当地习俗，子女婚嫁之后即自立门户，父母多随幼子居住。若无子嗣，可以招郎入赘，所生育子女随父姓。人们要儿子的愿望很强烈，但又追求儿女齐全。由于有这样的生育传统，在未实行计划生育之前，一对夫妻一般生育 4~5 个孩子，所以，6~8 口之家是通常的家庭规模。计划生育之后，现在每户的平均人口是 4.74 人。2016年，家庭总收入是 46782.47 元，人均收入是 1041.39 元。

第二节　家庭再生产与贫困

中国的家庭伦理将个体的生命意义放入一个长久的家族谱系中，在其中，农民的生命意义和价值得到了实现和延续。即使经历了现代思想的启蒙，个体理性不断地觉醒，在相当大程度上，家庭再生产仍旧是农民的终极人生目标，也是其积蓄、奋斗的动力。[1] 求偶、结婚、抚育这

---

[1] 刘成良：《贫困的代际逆传递——基于华北、中部农村贫困问题的研究》，《社会保障研究》2016 年第 2 期。

一套活动体系所构成的"生育制度"的基础正是超越个人的种族与家族的绵续。① 许烺光曾经描绘了一幅中国农民活在"祖荫下"的生活图景，包括农民对"祖先"的敬畏以及强烈的"延续香火"的观念。② 传宗接代作为一种宗教性的根本价值，不只是男子才有，而是所有中国人的根本价值，构成了中国社会运作的基础。③ 在这套早已内化于心的规范中，子代的结婚生子被农民视为理所当然的需要完成的人生任务，他们的日常生活以及生命轨迹在相当大程度上都是围绕此人生任务展开的。

在调查中笔者发现，这里的绝大多数农民仍然有着强烈的传宗接代观念，生命历程被分为一个个节点，每一个节点都有一个关键性的目标，目标达成才能进入下一个节点，只有完成所有节点的任务，人生才能称为完美，否则就会掉入比贫困更可怕的绝望中。而在这些节点中，最关键也最重要的就是儿子结婚成立家庭，否则后面的任务链就无法延续。笔者发现，村民在完成了他们看来是必须完成的任务之后，都会有一种完满感和解脱感。正如陈辉发现的，"在实现任务的过程中农民获得了生命绵延感与死后世界的想象，获得了对有限生命的超越"。④

---

① 费孝通:《乡土中国》，上海人民出版社，2007。
② 许烺光:《祖荫下：中国乡村的亲属、人格与社会流动》，台北南天书局，2001。
③ 贺雪峰:《农村代际关系论：兼论代际关系的价值基础》，《社会科学研究》2009年第5期。
④ 陈辉:《过日子：农民的生活伦理——关中黄炎村的日常生活叙事》，社会科学文献出版社，2015。

由此可见家的意义和结婚成立家庭在村民人生中的重要性。然而这里的农民的婚配却遭遇着贫困和流动带来的全国婚姻市场的挤压。随着打工经济的不断发展，人口流动打破了农村传统的通婚圈，使得那些处于偏远落后农村地区的女性有着更强的向外出嫁的意愿，而这些地区的男性则面临着本地女性大量外流、适龄婚配女性稀缺的困境。地处相对偏僻的高寒地区的追高来村，这种情况更加严重。

　　笔者在调查中发现，越是贫困的农村或家庭，在聘礼上的支出越多，聘礼所占家庭收入的比重越大。这是因为有较高的收入水平、居住环境条件较好、身体健康的男性能在未来的婚姻生活中提供较好的物质保障。基于对男性赡养父母的能力以及保障婚姻生活物质水平的能力的预估，在婚姻市场要价体系下，女方家庭对具有较高收入水平、居住环境条件好、身体健康的男性，反而会减少从男方家庭转移的现金数额。这就出现越是贫困的地方或家庭越要用高额的彩礼来应对婚姻市场上的竞争，以弥补自己在婚姻市场上处于不利境地的现象。

　　在笔者调查的时段，村里娶个媳妇的聘礼平均近20万元，包括至少8万元的现金彩礼、6万元左右的金银首饰①，以及其他一些实物，比如鸡鸭、猪、香烟、衣物等。除了彩礼，"有新房"也成了村里尤其是贫困家庭娶媳妇

---

　　① 苗族是一个非常喜欢银饰的民族，随着农民经济收入的提高，一身银饰成为许多女方家庭出嫁的硬性要求，通常价值在6万元左右。除此之外，苗族还在与外界的接触中，新产生一些支出，如手机、金首饰、小汽车等。

的重要必备条件。村里的老人告诉笔者，传统上，分家是村里每个大家庭的必然趋势，但独立婚房却不一定是婚姻缔结的必要条件，在没有条件的情况下，许多家庭通常是先将媳妇迎娶进门，组成一个联合家庭或主干家庭，然后再在此基础上慢慢分裂。分裂过程中，联合家庭的每一个成员都有义务为小家的分离贡献自己的力量，最后形成一个主干家庭和若干个核心家庭。现如今，这种分离被提前至婚姻缔结阶段。村里的妇女主任这样告诉笔者："现在找老婆本来就难，你家里还啥都没有，谁愿意跟你啊。现在的姑娘都很现实，谁家条件好，出的多，就愿意跟谁。"有调查显示，超过七成的女性认为男性必须有房子才能结婚，在全国若干个省份的调查发现，农村婚姻市场已经出现女方要求男方家在城镇购买一套房子等隐性高额彩礼。①在追高来村，拥有独立的婚房已成为男性在婚姻市场增强竞争力的重要手段，并且人们对婚房的要求也越来越高，一般都要两层的楼房。

笔者在村里访谈一户刚办完婚事的农家。这家人娶的是省内另一个地区的汉族媳妇。新郎告诉我，新娘曾很直白地告诉他，要是他家里没有现在这栋二层楼房，她是不可能嫁给他的，即使像精准扶贫户那样资助修建的一层砖房也不行。

可见彩礼和住房已成为农村尤其是贫困农村完成人生任务的一种刚性支出。这种刚性支出，要不让家庭负债累

---

① 桂华、余练：《婚姻市场要价：理解农村婚姻交换现象的一个框架》，《青年研究》2010年第3期。

累，要不让家庭落入绝望的深渊。村秘书告诉笔者，村里已经有 30 多个 30 岁以上仍未成家娶亲的光棍，原因大部分是家里穷，没有女人看得上。村秘书还告诉我，这些家庭一旦失去了婚配机会，也就失去了发展的动力，即便是政府给予再完善的扶贫措施，也难以唤起农民发展的动力。

刘燕舞在农民自杀研究中曾形象地阐释了"奔头"这一口语化、本土化的概念。他发现，农民日常所说的"奔头"就是在"人的一生中通过努力奋斗可以实现的愿望和价值，是支撑人一生的日常生活过程持续运行的动力机制"，而归宿、齐家、生活是支撑其活着的重要动力机制，农民自杀行为的发生主要是这些动力机制的失调。[①] 家，是中国人的宗教，是中国农民安身立命的基础。任何阻碍其完成人生任务的事件，都有可能导致农民生活价值的迷失，进而失去继续发展的动力。

然而这重要的家庭事件，村民在问卷调查中提及贫困的原因时，却几乎没有人提起，村里的建档立卡户评选工作也不会把这个当成评选的标准。访谈乡村干部时，乡村干部告诉笔者，他们最先采用的方法是排除法，也就是县里明文规定的"清除四类"——"清除家里有楼房、有店铺（门面）、有小汽车和有国家工作人员的家庭"。村干部让各组代表先将自己组里属于这四类情况的家庭清除，然后再在剩下的名单里，按照现有住房的质量、有无读

---

① 刘燕舞：《论"奔头"——理解冀村农民自杀的一个本土概念》，《社会学评论》2014 年第 5 期。

书子女、有无残疾人或大病病人、劳动力强弱等情况酌情排名，最后根据投票结果来决定最后的建档立卡户入围名单。参加评选的一部分村民代表告诉笔者，这四类人是很好排除的，因为这四项指标都是一些显性的指标，村里最困难的家庭也不难选，一般都是家里劳动力丧失或极其短缺、当年有大病或家中有子女上学的。最难选的是中间那一层，因为评选人很难准确把握一个家庭所有成员在外的收入，不知道人家的存款，也无法知道一大家子人的准确家庭支出，而评选工作到最后是否客观实际上是一个需要量化的过程。

虽然关于成家的支出不能放在台面上谈，但私下或在一些非正式的场合，已经有村民和干部频繁地抱怨这个问题了。笔者在县里其他乡镇访谈时也时常碰到这种情况。比如在一次乡镇干部座谈会上，一位心直口快的干部听说我们是来调查贫困的，突然问一句："现在的农民衣食住行问题已经不大了，现在最大的困难是找老婆难，你们管不管？"引起现场一阵哄笑。会后镇长悄悄告诉笔者，这的确是一个比较严重的社会问题，有的甚至把扶贫款用于娶媳妇上，引起一连串的社会反应。

虽然这个地区是当前国家扶贫的重点区域，国家投入了大量的资源进行产业帮扶、移民搬迁、教育扶智和医疗救助等，但是农民更加关心的是自己的人生任务能否实现，儿子能够娶得上媳妇。政府提供再完善的扶贫政策，也难以抹平农民心中的那种伤痛。但当前既有的贫困治理对策，对于农村因婚致贫的关注以及治理手段显然是缺位的。村民们明显感到婚姻的压力，却觉得它是一个属于私人领域的问题。

第三节　家庭代际关系与贫困

笔者在调查中还发现，与家庭再生产密切相关的贫困代际逆传递现象也不应忽视。

贫困的代际逆传递指的是父代基于自身的人生任务以及对子代的价值期待和情感寄托，通过自我剥削的方式将资源无条件地输送给子代，以此来完成家庭再生产，帮助子代实现向上的社会流动等，从而造成资源不断流向子代、压力不断导向父代、父代养老空间被不断挤压的社会现象。学界对贫困代际传递研究较多，对贫困代际逆传递的现象关注却较少。贫困的代际逆传递是农民家庭在市场经济中的一种反贫困机制，其会产生一种新的贫困——代际贫困。[①]

在调查中，笔者发现，父辈在家庭再生产这一过程中承担的责任和义务是贫困代际逆传递的主要原因之一。这种责任和义务源于中国孝道文化中关于亲属责任和义务的规定，也源于当前农村养老面临的现实困境。

---

① 刘成良：《贫困的代际逆传递——基于华北、中部农村贫困问题的研究》，《社会保障研究》2016 年第 2 期。

村里的老人一方面觉得这是自己的义务和责任，如果做得不好就会背负道德压力，在全村人面前脸上无光，另一方面也是出于无奈。访谈中，村里一位老人对笔者说，"这没办法啊，养儿育女、传宗接代是我们老一辈的责任，再加上我们以后养老还得靠子女，还有媳妇呢，不能让媳妇有意见，也不能让兄弟间有意见，得一碗水端平，否则老了就会有矛盾，就无人依靠了"。虽然现在农村老人的医疗已经有了基本的保障，县里的精准扶贫政策也一再加大生病住院报销的比重，但生病照料还是主要由家庭来负责，报销之外的费用也只能由家庭来承担。农村养老保障一年600元的养老金对老年人来说只能是杯水车薪，家庭依然是老人失去劳动力后主要的经济来源。而为这种养老资源提供保障的代际关系，如王跃生在分析中国成年子女与尚未年老的父母之间代际关系时所指出的，是一种抚养－赡养关系和交换关系并存，且具有互补性的关系。由于家庭血缘关系成员加入婚姻关系成员，家庭代际关系的交换意义得以凸显出来。在一定情形下，只有青壮年时期两代之间（青年儿子、儿媳妇和中年父母）交换关系的存在，才能为中年（儿子和儿媳妇）老年（父母）时赡养关系的维持打下基础。仅仅将子女抚养大，没有在此基础上发生具有互助、互惠性质的交换关系，代际关系将会减弱。如果在子代成家立业最关键的时候没能帮助子女，很可能就会影响以后的代际关系，为今后的养老带来危机。

笔者访谈时碰到一位50来岁的龙女士，丈夫10多年前因一场车祸去世，留下三个儿子和两个女儿。龙女士告诉笔者：

> 她刚从外面打工回来。孩子们陆续毕业外出打工后，她一直在 C 市（离村大约 2 小时车程的一个地级市）帮一家人照顾老人，一个月能挣 2500~3000 元，一年能有 3 万~4 万元钱的收入。她和老人一家相处得很好，老人一家人一直在留她，她自己也想趁还年轻能干时多挣点钱以养老。结果没想到，儿子毕业外出打工后没几年就相上了对象，前年成亲已经把龙女士这些年在外打工的所有积蓄都花光，还借了债，来不及喘气，今年又抱上了孙子。子代们为了挣钱又外出打工去了，龙女士一个人留在家里照顾孙子。

像龙女士这样的父母在村里并不少见，有的还同时带着几个儿子的孩子。访谈的时候，村里刚接到村小拆并的消息，一位老人犯了难：虽说离镇上不是太远（单程大约半小时），但今非昔比，路上车多了，坏人也多了，不管日晒雨淋，老人还是得每天两趟花 1~2 个小时的时间接送孩子。

这就是这里大部分父母的生活：为了子女的教育，他们节衣缩食，供子女上学；子女上完学后好不容易攒下一点积蓄，却都用于子女的结婚开支，用于建房和彩礼；孩子成家后，他们继续承担着照看孙辈的任务，让子女外出打工挣钱，到最后落入要花点钱也要看子辈脸色的境地。这种责任和义务已经深深地内化于全村人的意识中。

在村里，笔者访谈了一家正要准备结婚的家庭，访谈时两代人都在。年轻人刚20出头，很坦诚，他告诉笔者：

> 结婚几乎所有的开支都是老人准备的，包括建房和彩礼，加起来至少得30万~40万吧，自己刚外出打工没几年，虽说一个月也能挣个两三千的，但年轻人花费大、应酬多，基本攒不下什么钱。而他的父母在湖南某地的一个煤窑里长期打工，每月除了伙食基本没有什么开销，住在一个低矮的工棚里，省下的钱都攒下来。由于常年在井下工作，父亲50多岁就已经落下肺部疾病，现在只能在家里干点清闲的农活。

虽然儿子说他很感谢父辈，没有父辈他娶不到媳妇结不了婚，但从两代人的对话中，不难看到，年轻人打工挣钱可以享受现代文明的成果，而他们的父辈则是责任先于一切。

纵向比较，相对于老人自己这个年龄群体，老人的经济状况和生活水平比流动之前的确有了一定程度的提高，但如果做横向比较，相对于别的年龄群体，老人则仍处于一种相对贫困之中，尤其是贫困家庭的老人，他们的贫困境况更让人担忧。访谈中，当问及外出打工的主要原因时，成家的中青年人给出的最多理由是：孩子上学，孩子将来盖房子娶媳妇，让家人过得更好，等等。老人通常不是首先考虑的群体。当然，年轻人外出打工，带回更多的经济收入在一定程度上也会改善老人的生活，年轻人提及的家人也包含老人在内。但在调查中，笔者发现，老人在这种新的家庭决策中总是受益最小的一方。在某些方面这种家庭决策使老人陷入了更深的贫困，比如子女外出打工使父辈的农务劳动和家务劳动更加繁重，精神生活更加贫瘠。

家在农民心中仍具有无法取代的宗教意义，维持家庭的再生产是人生首要的任务。在这一过程中，父辈或是欠下巨额的债务或是以牺牲自己的健康和老年生活为代价，代际压力不断向父代传导、资源不断流向子代、父代的养老空间被不断挤压。在贫困家庭中，这种现象更加凸显。而在我们的扶贫政策中，这种贫困代际逆传递现象很少被关注。

第四节　作为贫困最后壁垒的家庭

随着研究的深入，世界银行将贫困脆弱性概念引入贫困的定义：除了指以收入为主的基本社会福利指标的降低之外，贫困还包括各种外部冲击导致的贫困脆弱性。贫困脆弱性指未来贫困或者更加贫困的概率。农作物收成下降、食品价格上涨、家庭主要劳动力患病、家庭供养结构变化等因素都可能提高贫困脆弱性。Bartfeld 等认为，目前生活在贫困线以上，但在面临风险以后福利状况恶化并陷入贫困的家庭，也应在研究范围之内。相比之下，贫困脆弱性概念不是事后的确定性的统计分析，而是一种事前的预判和测量，但政府可以预先给发生贫困概率较高的家户适当帮助，防患于未然。因而此概念一提出，就得到了广泛深入的研究。

回顾改革开放以来的中国城乡经济体制改革，我们可以看到，农村集体化和城市单位制的解体，其实也是一个国家从社会保障、社会福利中逐渐退出，家庭越来越多地替代国家或集体独自承担社会保障和社会福利的过程。国家和集体通过转制、放权，从关系城乡居民生老病死的保障体系中退出。这种退出需要两个基本的前提：一是社会上要有相应的载体，足以承载政府退出后的功能；二是政府对新的载体要有有效的监管和评估。然而事实却是，政府在退出社会保障和社会福利时，对社会组织缺乏必要的培育和支持，对市场组织缺乏必要的监管和规范，最终大部分国家退出的责任，如育儿、教育、医疗、养老甚至丧葬等，基本通过市场，通过服务收费制度，转由家庭承担。在减少或失去国家和集体的保障后，家庭成为独自面对各种社会风险的基本单位，家庭成员的传统互助模式成为应对外部风险的最重要的非正式制度保障。[1]

与家庭承担如此重负不相适应的是家庭的脆弱性：在生存和发展机会缺乏正式制度保障并被高度商业化的情况下，一个家庭如果遇到失业、年老、疾病、下岗、上学、

① 唐灿、张建主编《家庭问题与政府责任》，社会科学文献出版社，2013。

结婚或其他天灾人祸等风险时，就会出现难以独立支撑的情况，进而陷入极端困境。

笔者发现，在追高来村，家庭是应对一切社会风险（包括贫困）的最后壁垒，当失去劳动力、年老、疾病、上学、结婚成家、遇到天灾人祸时，家庭成员的相互扶持是最后的兜底。家庭的经济功能、照顾功能和保护功能仍然发挥着重要的作用。家庭在经济上是一个紧密的共同体，谁家有个能人，脑子活、有胆识、有能力，这家的经济条件就会好一些，相反就容易陷入贫困。关于抚育和养老，政府承担的作用有限，除此之外，没有任何社会组织的介入。由于追高来村位置偏僻、居住分散，市场前景不乐观，村里也没有任何市场因素的进入，抚育和养老仍主要由家庭来承担。在笔者调查的时候，县里要求学生数不够的村小全部并到镇上去，村里的幼儿园被取消，小学也只能到镇上去读，学前的照料和上学的接送都只能由家庭来承担。虽然精准贫困的教育扶贫政策为困难家庭解决了资金问题，但家庭仍需要承担繁重的照顾义务，养老也是如此，老人的生病照料完全由家庭来承担。当某个家庭成员遇到天灾人祸的时候，政府的补贴有限，只能依靠家庭其他成员提供最后保护。

家庭目前的这些特征很容易导致贫困。虽然，国家制订了一些与家庭相关的政策，但目前家庭的福利政策主要表现为补缺型。政策多倾向于问题家庭和那些失去家庭依托的社会边缘群体，其他凡有家庭的社会成员必须依靠家庭来满足保障与发展的需求。然而家庭承担传统责任的能力在下降，普遍面临独立应对保障和发展的压力。

因此，在构建发展型家庭政策中，国家必须考量、适应家庭的现实需求，将家庭作为制定公共政策必不可少的政策维度，强调家庭作为政策对象的整体性，家庭政策安排应从补充型向发展型转变；将家庭政策的重点转移到恢复家庭的传统照料功能和经济功能上来，增强家庭的发展能力和抵御风险的能力，更好地发挥家庭的社会功能；以不破坏家庭的完整性和独立性为前提，给予家庭更多的支持，减轻家庭的负担，使家庭保障从自我保障转向由政府、社会、家庭共同承担。这样才能避免贫困的脆弱性。

第五节　结论与政策启示

已有学者从贫困户的家庭特征来分析家庭与贫困之间的关系，但这种分析多建立在家户的分析基础之上。然而在中国，家的概念要远超于共同居住或户籍意义上的家户，在时间上也可以无限延伸。本文试图从家庭具体实践和关系去深化对当前贫困问题的认识。

通过研究，笔者发现，在中国，家庭是一个可以超越时间和空间的关系集合体，由此引发的贫困问题不可忽视。

家庭的形成和建立是目前农村家庭的重大开支和主要压力之一。由于贫困和人口流动带来婚姻挤压，婚姻支出（包括彩礼和婚房等）成为家庭一个沉重的负担，村民或为此疲于奔命，或为此欠下高额的债务，有的甚至陷入失婚的境地，绝望成为一种比贫困更可怕的现象。比起其他扶贫措施，如产业帮扶、移民搬迁等，农民更加关心的是自己的人生任务能否完成以及如何更好地完成。然而当前既有的贫困治理对策，对于农村因婚致贫的关注以及治理手段是缺位的，它依然是一个属于私人领域的问题。除了倡导简洁的婚姻形式外，在制定具体政策时还应该看到背后的结构性因素——性别比例失衡、流动形成的婚姻挤压、传统的"家本位"文化等。

在维持家庭再生产这一人生首要任务中，父辈承担着"不可推卸"的责任，这种责任和义务受制于中国孝道文化中亲属责任和义务的规定，更受制于当前农村养老面临的现实困境。农村养老来自社会的力量仍非常有限。老人在子女成年阶段的付出，会给未来养老带来一定的影响。在这一过程中，父辈或是欠下巨额的债务，或是以牺牲自己的身体健康和老年生活为代价，代际压力不断向父代传导、父代的养老空间不断被挤压，在贫困家庭中，这种现象更加凸显。在我们的扶贫政策中，这种贫困的代际逆传递现象应该引起关注。需要充分重视贫困代际逆传递所带来的副作用——老年贫困的形成，除农村的社会养老保障体系、医疗救助体系须继续健全和完善外，现阶段与老年生活质量密切相关的抚育问题也亟须解决。

随着农村集体化和城市单位制的解体，育儿、教育、医疗、养老等问题走向市场，家庭承担的责任越来越多，成为人们抵御社会风险的基本单位和最后堡垒。然而调查证明，家庭的这种抗风险能力是非常有限和脆弱的，这种由家庭维持的稳定性随时可能受到家庭内部和外部因素的影响而陷入失序。家庭既是贫困的最后壁垒，又是新的贫困产生的场域。家庭政策安排应该从补充型向发展型转变，增强家庭的发展能力和抵御风险的能力；将家庭保障从自我保障转向由政府、社会、家庭共同承担，从而减小贫困的脆弱性。

贫困的家庭研究除了关注地域或户籍意义上的家户，还需关注实践和关系意义上的家庭。在分析贫困问题时，既要看到家户的结构特征，又要看到直系组内各单元家庭之间的"家际"关系，针对家庭的即时特征和延续特性做一个整体综合的分析。

第三章

追高来村精准扶贫与凤凰县
地方政府政策执行实践

第一节　追高来村的扶贫状况

一　追高来村的贫困演变：2014~2017 年

2014 年 1 月 22 日，凤凰县扶贫开发领导小组发布《凤凰县农村扶贫对象建档立卡工作方案》，对目标任务、基本原则、实施步骤、工作要求等方面做出说明。为每个贫困户建档立卡，深入分析致贫原因，逐村逐户地制定帮扶措施，集中力量予以扶持，确保在规定时间内达到脱贫目标，并实行动态调整。

2014 年 5 月，经评定，追高来村的建档立卡户为 128 户

478 人。2014 年 7 月 30 日,腊尔山镇人民政府发布《关于审核确认贫困户脱贫的报告》,初步认定全镇 113 户、563 人退出贫困。追高来村于 2014 年 7 月 30 日前,实际脱贫 8 户、37 人,比下达的指标 35 人还多 2 人,超额完成 2014 年度的脱贫任务。2014 年底,追高来村有贫困人口 120 户、441 人。

表 3-1　2014~2017 年追高来村贫困状况的演变

单位:户、人

年份	贫困户		脱贫指标		实际脱贫	
	户数	人数	户数	人数	户数	人数
2014	128	478	8	35	8	37
2015	120	443	31	132	31	134
2016	89	309	—	—	—	—
2017	122	536	—	—	—	—

资料来源:根据凤凰县扶贫开发办提供的资料整理得来。

2015 年 5 月 8 日,凤凰县扶贫开发领导小组下发了《凤凰县 2015 年减贫工作方案》,对凤凰县全县 2015 年度的减贫工作做出规划和部署。2015 年 5 月 12 日,腊尔山镇人民政府下发了《腊尔山镇 2015 年减贫工作方案》,对本年度全镇的减贫工作做出规划并对本年度的减贫指标做出分解,分解到追高来村的脱贫指标为 31 户、132 人。2015 年 6 月 14 日,追高来村两委及有关人员在村书记家中召开"评议退出贫困户工作会",村组代表进行了民主投票表决,最终评议了本村 31 户、134 人退出贫困。2015 年底,追高来村有贫困人口 89 户 309 人。2016 年,在对中西部 22 个省（自治区、直辖市）党委和政府扶贫开发工作进行的考核评估中，湖南省的考核评估结果较差，省党政主要负责同志被约谈，于是 2017 年湖南省进行整改工作，追高来村经过为期两个月的集中整治后，贫困人口为 122 户、536 人。

二　追高来村建档立卡户的清理和整改

经过 2016 年 5 月国家督查巡查，2016 年湖南省年底脱贫验收，第三方评估、审计，以及 2017 年县里自查，发现脱贫攻坚在精准识别、贫困退出、档册资料整理、驻村工作、信访、"十项工程"等方面存在问题。于是，2017 年 5 月凤凰县扶贫开发领导小组印发了《凤凰县精准脱贫攻坚集中整改问题答疑》，对全县开展精准脱贫攻坚集中整改相关问题进行梳理。2017 年 6 月追高来村也全面开展集中整改和清理工作，驻村工作组依照文件要求，认真组织村两委班子成员，对贫困户开展排查，摸清家底，规划好 2017 年的脱贫任务，完善一户一档，更新扶贫手册、公示牌，对新增的贫困户做好统计上报等工作。

追高来村对本村的低保户和建档立卡户进行清理时，先选举了评议小组成员。追高来村有 9 个村民小组，需选出 9 个评议小组，每个评议小组由 3~4 人组成。其中四组的评议小组人数最多，有 4 人；其他评议小组均为 3 人，全村评议小组成员共有 28 人。所有评议小组成员集体对本村的低保户、兜底户和新进贫困户（主要是返贫户）进行投票表决。

此次评议仅是对已认定的低保户和建档立卡户进行整改清理，不必按照2014年贫困户建档立卡识别程序重新认定，仅对现有的低保户和建档立卡户以及新申请的低保户和建档立卡户进行投票表决，所以，本次投票表决在程序上也较为简单。

本次投票共有三轮，第一轮是对低保户进行投票清理，共清除低保户53户；第二轮是在低保户变成兜底户的调整上进行投票；第三轮是对新进贫困户进行投票，共有3户、11人，先将提交申请的贫困户情况告诉评议小组成员，然后由他们投票表决。由于本次申请的新进建档立卡户只有3户，所以本次投票省去了评议小组推举的过程。经重新投票，最终确定的贫困人口为122户、536人。

第二节　地方政府执行扶贫政策时的分类应对

针对上级不同政策，地方政府会采取不同的应对策略。凤凰县此次整改期间，地方政府在应对上级政策时也出现了多种应对策略，主要包括完全按照上级政府的政策行事；扩大政策规定的范围，提高政策的执行力度；地方政府对上级政府政策的适当变通以及地方政府对上级政府政策的适度突破四种类型。

一 完全按照上级政府的政策行事

当上级政府的意志和逻辑与民众的需求和利益诉求相一致时，地方政府会完全按照上级政府的政策规定行事，即地方政府不加变通地执行上级政策，不需付出政策执行的代价和成本，这是一种理想的政策执行状态。

2015 年 10 月 15 日，湖南省扶贫开发办公室印发《湖南省扶贫开发建档立卡"回头看"工作方案》（湘扶办函〔2015〕95 号），在"一看扶贫对象准不准"中规定，通过"回头看"，重点将有财政供养人员（含村干部）的户、个体工商户或经营企业的户和有商品房、有小汽车的户（简称"四类对象"）从贫困户中清除出去，挤出水分，查漏补缺，找准对象，准确掌握贫困户致贫原因，解决好"扶持谁"的问题。凤凰县扶贫部门对"四类对象"进行清理时，部分标准严格按照文件要求执行。

王某说："我们家是 2014 年第一批进去的，一直都是，国家政策好，给了很多东西，国家真的是好啊。2016 年 6 月的时候，我想着为了种地方便，种的水稻多了啊，总不能还是一点一点背吧，人手也不够啊，我还想着搞点运输啥的，赚点外快也为了改善生活状况嘞，找了个门路想买个车搞搞运输。我就找这个那个帮我打听，托人花了 8000 块钱买了辆二手农用小汽车，东风牌的破车，挺旧了，修了修花了好几百块钱，当时就想着是搞点运输搞点副业，自己种地又累，也是为了拉粮食。刚过了年，那个村里就不同意了，来跟我说你得把这个车处理掉，贫困户家是不能有小汽车的，有车后就不符合上面政策的规定嘞。我说我就是为了拉庄稼方便，还是个破车，前前后后就花了 8000 块钱，又不是什么好车。但上面就是不同意，没办法我就得托人又把它给处理了，结果还赔了 2000 多块钱。"

从资料中可以看出，2014 年追高来村村民王某被识别为建档立卡户，享受了一系列扶贫政策。其间王某为了更好地发展产业买了辆二手的农用小汽车，也正是因为王某买了这辆二手农用小汽车，其家庭要从建档立卡户中清理出去，被清理后就享受不到一系列扶贫政策措施。权衡得失后，王某只好把小汽车处理掉，以继续享受建档立卡户的一系列扶贫政策。

虽然王某购买二手农用小汽车的初衷是更好地发展产业，改善生活状况，但因购买二手农用车后王某就变成了"四类对象"，不符合建档立卡贫困户的条件，所以当地政府欲将其家庭从建档立卡户中清除。王某权衡得失后将小汽车卖掉，当地政府才将其建档立卡户的名额保留下来。由此可以看出，当地政府严格按照上级文件规定进行清理工作，只要在"四类对象"之列就将此户清除，不在此列则予以保留。王某的目的是被评为建档立卡户，获得一系列扶贫政策的扶持以求脱贫，国家建档立卡的目的也在于此，所以两者的最终目的是一致的，于是地方政府会严格按照政策要求执行。

二 扩大政策规定的范围，提高政策的执行力度

地方政府应对上级政策的第二种情况是主观扩大政策规定的范围，提高政策的执行力度。《湖南省扶贫开发建档立卡"回头看"工作方案》对"四类对象"进行了界定和说明，且规定进行清理时要以户为单位。从户籍制度来说，家庭成员在一个户口本上为一户。2017 年 5 月 18 日，凤凰县扶贫开发领导小组印发《凤凰县精准脱贫攻坚集中整改问题答疑》的通知，规定一个户口本内家庭成员中有"四类对象"[①] 的必须予以清除，其中财政供养人员是指机关、企事业单位的正式职工（含村干部），不含临时工作人员。文件规定只有当一个户口本内有家庭成员为财政供养人员时才予以清除，但凤凰县在执行这一政策时，进行了过度解释，只要一家人中有财政供养人员，就将这户清除。追高来村的何某家即属此种情况。

---

① 凤凰县"四类对象"指在一本户口簿内的家庭成员有"财政供养人员（含村干部）、有个体经商或经营企业、有小汽车、有商品房"的对象。财政供养人员指机关、企事业单位的正式职工（含村干部），不含临时工作人员；个体工商或经营企业的范围指乡镇、县城及以上地点；小汽车指四轮及以上的机动车辆（不含农用三轮车）；商品房指在县内购买的商品房（含小产权房），村内私房不算。

何某，女，46岁，四级残疾，1994年由本乡镇其他村嫁到迫高来村，现在家里有4口人，她、丈夫还有两个儿子。两个儿子都在上学，一家人靠老公打工维持生计，何某可以适量从事一些简单的农活，但不能做体力活。在此次迫高来村的清理中，地方政府将何某家从建档立卡贫困户中清理出去了，原因是何某有一个哥哥在县某政府部门工作，何某的父亲退休前也在县某机关工作，所以何某家里有财政供养人员，不符合"四类对象"要求，必须予以清除。但其实何某的户口并不与其哥哥和父亲的户口在同一本户口簿上。

何某已出嫁多年，何某家户口簿中也没有财政供养人员，何某不与其哥哥和父亲在同一本户口簿上，但地方政府认为何某"家"有财政供养人员，所以必须将她家从建档立卡户中清除。可以看出，地方政府此时主观扩大了"家"的含义，认为已出嫁的何某仍然与其原生家庭成员是一家人，还可以获得其原生家庭成员的支持和帮助，哪怕事实并非如此。

何某家的情况是地方政府对上级政策给出了重新解释和定义的结果，地方政府在解读一家人的概念时并未以现有家庭成员在同一本户口簿上为准，而是将其原生家庭成员也纳入现在的家庭进行考虑，主观扩大了家庭的内涵和范围。

凤凰县扶贫办工作人员小刘的一番话对解释此现象有一定的启发意义。

有时候老百姓他就说，别人家里有人在单位里面，他（老百姓）说他们家有人当官。他（老百姓）话就这么说，所以有时候我们县里都是一刀切，实在有特殊情况，那我们过常委会，集体决定，这样子。①

从小刘的话中可以看出，凤凰县将"家"里有财政供养人员的农户从建档立卡户中清理出去，是为了避免社会舆论可能带来的压力。由于普通农民对政策规定的"家"的含义认识并不清楚，可能会将"家"的范围扩大，并且将某户成为建档立卡户的原因归结为"家"里人的帮助——"家里有人当官"，这可能会给地方政府带来一定的舆论压力。为避免这种压力的出现，地方政府在政策执行上会做一些过度的解释，以维持表面的社会公正和稳定。

三 地方政府对上级政府政策的适当变通

凤凰县地方政府在执行上级政策时，虽然会按照政策规定开展工作，但考虑到政策受众的需求和诉求，为平衡政策对象的利益，地方政府在执行政策时会进行适当的调整和变通，这是凤凰县地方政府应对上级政策的第三种方式，下面两个案例所反映的情况均对此有所体现。

---

① 凤凰县扶贫办工作人员小刘的访谈资料。访谈时间：2017 年 8 月 12 日。访谈地点：凤凰县政府。

小孙，男，45岁，家有8口人，他、妻子、两个女儿、一个儿子、父母还有一个残疾的妹妹。

县某机关工作人员小周说："小孙有个哥哥在县林业局工作，父母都跟着小孙住在村里，父母都是七十多岁快八十岁了。小孙还有个妹妹是残疾人，嫁不出去，由小孙和妻子维持这一家，确实困难。县政府说他哥在哪个单位，就由哪个单位具体来负责扶持这一户。"①

下面这一案例也很好地体现了地方政府"适当变通"的策略。

县某机关工作人员小周说："为了避免老百姓跟村干部之间出现矛盾，如果一个村干部成为贫困户，老百姓就觉得你村干部又享受这个，特别是好多东西一眼又看不清的，分不清楚你好你不好那样。我们县里的想法是，村干部不跟老百姓争利，从其他渠道如组织部这边对困难的村干部进行救助。我们追高来村就有这么一个村干部，今年被评上了纪检委员，他家原来是贫困户，但村干部不能是贫困户嘛，他后来就主动退出了，因为他家里也确实困难，后来通过上会决定由组织部对他进行帮扶嘛，这样才把问题给解决咯。都是这个样子的，就是说村干部评可以评（贫困户），但是自动申请退出，村干部跟老百姓说话的时候

① 凤凰县某机关工作人员小周的访谈资料。访谈时间：2017年8月12日。访谈地点：凤凰县政府。

腰杆也挺直一点。如果有些老百姓觉得自己应该享受，村干部没给他，村干部自己享受了，就落他话柄。对这些我们县里也出台了很多政策，村干部这块如果觉得家里确实困难，我们组织部那边对村干部有一定的救助。"①

在第一个案例中，小孙的哥哥在县林业局工作，是财政供养人员，这不符合"家"中没有"四类对象"的要求，当地政府必须将小孙家从建档立卡户中清理出去。但小孙家经济状况的确很困难，地方政府为了平衡被清理的小孙家的利益，采取变通措施让其哥哥所在的单位（林业局）负责对小孙家进行扶持，以弥补损失。第二个案例中，追高来村一建档立卡户因当选村干部（村纪检委员）后属于"四类对象"，在整改中被清理出去，由于此户的家庭经济状况确实较差，所以由县组织部对此户进行帮扶。这也是凤凰县对"四类对象"中部分特殊群体在帮扶政策上的变通，一方面平衡因当选村干部被清理的建档立卡户的利益；另一方面也可以减轻当地社会舆论的压力，以便扶贫工作顺利开展。

在一般决策体制下，政策制定者与执行者严格分工，前者制定后者执行。政策在执行过程中不可避免地会被变通。合理的政策变通从某种程度上说是一种政策渐进调试方式。好的政策应当体现并协调政策制定者、执行者及政策对象的利益要求，获得大家的拥护，从而具有有效性与

---

① 凤凰县某机关工作人员小周的访谈资料。访谈时间：2017年8月12日。访谈地点：凤凰县政府。

稳定性，①当政策要求不符合实际需求时，地方政府需要进行一定的变通。如案例中地方政府对政策对象需求的考量和利益的平衡，使政策对象最终获得的利益没有损失或损失较少，这是地方政府良好作为的体现。

四　地方政府对上级政府政策的适度突破

2007 年 7 月 11 日，为切实解决农村贫困人口的生活困难，《国务院关于在全国建立农村最低生活保障制度的通知》颁布了。②农村最低生活保障制度是一项以户为单位，实行差额补助的救助制度。凤凰县规定当家庭人均纯收入低于本县农村低保标准时对此户实施救助。但在实际操作中，凤凰县并没有按照"以户为单位，分类施保"的要求严格执行，而是采取以人为单位给予低保名额，出现了非低保户而是低保人的现象。贺雪峰对此现象的解释具有一定的说服力和代表性。因为现在低保指标太多，远远超过村庄特困农户的数量，只好将超出的低保指标给得重病的农户，因为无论如何，得了重病，是人生重大打击，且所有农户都不能保证不生病，这样就比较公平，村民比较能接受。将得重病的农民纳入低保，并不是因为他们家庭收入低于当地最低生活水平，而是相对较多的低保指标只有按一个全体村民认为公平的办法分配才有合法性，才

---

① 庄垂生：《政策变通的理论：概念、问题与分析框架》，《理论探讨》2000 年第 6 期。

② 《国务院关于在全国建立农村最低生活保障制度的通知》，（国发〔2007〕19号），2007 年 7 月 11 日。

会得到村民认同。但是，得重病病人家庭可能经济条件很好，将得病村民纳入低保是可以的，他的家人却没有理由吃低保，因此，全国普遍出现了本来是评低保户，实际上却变成评低保人的状况。[1] 许多地方将这种有资格吃低保的"合法"情况进一步扩大，比如家里有大学生的，有残疾人的，有高龄老人的以及是孤儿的也可按人头享受低保，于是出现了普遍按人而不是按户享受低保的现象。通过与凤凰县民政局一位工作人员的访谈也可以看出这一点。

> 小吴："这个我们也会考虑啊，考虑他的刚性支出，像有些大病的，他的家庭虽然也有一些劳动力，但是患癌症、糖尿病、精神病的，还有病瘫的，这些对象我们还是尽量照顾，所以有些对象不排除他的家庭人均收入适当高出标准。这些对象呢，我们还是考虑把他纳入低保范围，这种每年累计下来还挺多的。像我们农村低保现在有 33000 多人吧，这种对象大约 9000 多人不到 10000 人。每年累计下来，这比重挺高的。"[2]

2017 年 5 月，凤凰县严格按照制度规定对本县所有建档立卡户进行清理和整改。《凤凰县农村居民最低生活保障制度实施细则》规定，在法定劳动年龄内有劳动能力，无正当理由不参加劳动（在学校就读学生除外）而造成家庭生活困难的不

第三章 ——追高来村精准扶贫与凤凰县地方政府政策执行实践

---

[1] 贺雪峰：《农村低保实践中存在的若干问题》，《广东社会科学》2017 年第 3 期。
[2] 凤凰县民政局吴局长的访谈资料。访谈时间：2017 年 8 月 13 日。访谈地点：凤凰县民政局。

应当被纳入低保户。在实际的清理过程中，只要家里有劳动力，无论其家庭状况如何，都要被从低保名单中清理出去，追高来村吉某家当属这种情况。

　　吉某，51 岁，家中共有 4 口人，吉某、妻子和两个儿子。大儿子先天性残疾，二级，常年卧床，在家由妻子照顾，小儿子上小学四年级。2014 年吉某出车祸，腿部受伤，不能外出务工，家里缺劳动力，于是 2014 年村委在评低保时给了他们家三个低保名额，分别为大儿子、妻子还有小儿子。2016 年初，吉某康复，到浙江萧山打工，妻子在家照顾瘫痪在床的大儿子，适当做一些农活，家里的一切开支基本都由吉某务工来维持。

　　2017 年 6 月，在追高来村低保和建档立卡户清理整改过程中，吉某家因现在有两个劳动力，所以其妻子和小儿子的低保名额被清理出去了，最终保留吉某大儿子的低保名额，且这个低保名额的补助标准被提高到 255 元／月。以前吉某家有三个低保名额时，档次都是最低的每人 100 元／月，从获得补助的总量上来说，吉某大儿子一个低保名额与以前三个低保名额获得的补助量差不多。吉某大儿子为二级残疾，吉某家的低保名额减少了，但他家还是建档立卡户，这种情况也是作特殊情况处理。

政策执行过程中，原政策可能难以有效地满足需求，因此会产生政策执行的障碍。当政策执行者没有正常的渠道反馈执行的障碍信息而又不得不执行政策时，政策变通成为调适原政策以继续政策过程的必由之路。[①] 在此案例中，地方政府并未按照国家政策的要求以户为单位评低保，而是针对群体特殊情况给予特殊照顾（将低保给最困难的人），这是地方政府对现有制度的突破，跨越了制度限定的边界。突破现有制度边界，地方政府需承担一定风险，为了缓冲风险可能带来的问责压力，凤凰县也采取了责任共担的机制。这些特殊情况需经过常委会，由常委讨论决定，所有常委集体承担责任。这种政策上的适度突破一方面是为了政策顺利而有效地实施，另一方面也是考虑到政策对象的实际需求和状况，为了平衡政策对象的利益，不因政策的"一刀切"而使政策对象的利益受到损失。

第三节　结论与讨论

地方政府是政策的执行者，以政策为载体的国家意志到达政策对象需要经过地方政府这一环，由于民众有自己的实际需求和利益诉求，上级的意志和逻辑与民众的需求和利益可能不完全一致，经常出现偏差和错位。一般会出现两种情况：当上级意志与民众的利益和诉求一致时，地方政府会完全按照制度政策的规定行事，不需付出政策执

① 庄垂生：《政策变通的理论：概念、问题与分析框架》，《理论探讨》2000年第6期。

行的代价和成本，这是一种较为理想的政策执行状态；当上级的意志和逻辑与民众的需求和利益不一致时，地方政府在执行上级政府的政策时则采取不同的应对策略。究竟采取何种应对策略，地方政府要视"在地性"及目标群体的实际情况而定。

凤凰县政府在追高来村的扶贫实践中，采用了四种具有一定代表性的应对策略。首先，地方政府完全按照上级政策要求行事，这是一种理想的政策执行状态。当上级的意志和逻辑与民众的需求和利益相一致时，地方政府会完全按照制度和政策规定行事。其次，地方政府主观扩大政策规定的范围，提高政策执行力。地方政府之所以采取这样的策略，是为了避免社会舆论可能带来的压力，以维持表面的社会公正和稳定。再次，地方政府对上级政策适当变通。在执行上级政策时地方政府虽然会按照政策规定开展工作，但考虑到政策对象的需求，为了平衡政策受众群体的利益，地方政府会进行适当的调整和变通，以使政策对象最终获得的利益没有损失或损失较轻。最后，地方政府对上级政策的适度突破。地方政府并未严格按照上级政策行事，对于特殊情况予以特殊处理，对现有制度有所突破，跨越制度限定的边界。一方面是为了制度政策顺利而有效的实施，另一方面也是考虑到政策对象的实际需求和状况，不因政策的"一刀切"而使政策对象的利益受损。

地方政府在执行扶贫政策过程中采取的四种应对策略就当地实际情况来说具有一定的合理性和适用性，即使地方政府突破了政策规定，但只要它无损于中央主导的纵向控制秩序，那么此种灵活变通就都应是可以的或被默认的。[①] 村民及其家庭作为独特的个体有自己的理性视角，有自己的利益诉求和各种需求，有自己看待事物问题的方式和逻辑。而国家在制定实施相关制度政策时"一刀切"的方式往往忽略了村民及其家庭本身的特殊性、差异性和主体性，地方政府作为政策执行者在执行相关政策时需要将政策进行一定的处理和变通，唯有如此才能实现政策实施的目标和实际效用。在传统社会，国家权力并不能有效地深入基层，所以有着简单化的设计，但到了基层的实际运转中，大量变通的存在使得简单设计的破坏力大大降低，国家提出的那些非常模糊和简单的原则到了基层实际上早已与当地的实际融为一体。[②] 反思之，中央及省级相关部门在制定相关扶贫政策时，需将农民的视角这一变量加入政策制定的考量范畴，考虑到民众的行为逻辑和基本需求，这样政策的制定和实施才会更加顺利有效，也会产生更大的效益和效果。

① 刘培伟:《地方"变通"：理解中国治理过程的关键词》,《浙江社会科学》2015 年第 7 期。

② 〔美〕詹姆斯·C. 斯科特:《国家的视角》,王晓毅译, 社会科学文献出版社, 2004。

第四章

追高来村产业扶贫实践

第一节 追高来村产业扶贫实践

追高来村隶属于湖南省湘西土家族苗族自治州凤凰县腊尔山镇。腊尔山镇位于高原台地，追高来村则处于山地之中。追高来村共有耕地 2908 亩，其土壤以黄壤、黑壤为主。其中，稻田 2740 亩，旱地面积 168 亩，林地面积 4300 亩。

追高来村有多种扶贫产业项目，优质稻种植、稻花鱼养殖、猕猴桃种植、大米加工厂、烟草种植等都是正在尝试的产业项目。大米加工厂是唯一的工业扶贫产业。[1] 这些项目在管理模式上并不完全相同，其差异性和产生的影

---

[1] 凤凰县就业扶贫办公室关于凤凰县建档立卡贫困人口劳动力情况的统计表，2016 年 2 月 28 日。

响也很有讨论价值。在下文中，笔者将分五类介绍这些项目，并通过比较对其特点加以介绍。

一 优质稻、稻花鱼项目

优质稻项目是一项在追高来村广泛实施的，较为成熟的扶贫项目。追高来村海拔较高，气候相对较为寒冷，种植的水稻口感独特，在市场上广受好评。为了达到脱贫目的，促进追高来村经济发展，村干部率先试种了优质稻，并在取得了良好收益后，主动向追高来村对口扶持单位凤凰县扶贫办提出建议，与扶贫办和县委共同对优质稻的种植进行了推广。

优质稻扶贫项目的参与者分为两部分，一部分是国家精准扶贫对象，也就是由村内投票选出的建档立卡户，另一部分是追高来村的普通村民。两类参与者享受的待遇既有相同之处，又有所差别。无论是否为精准扶贫对象，都可以报名参加该项目，利用自己的土地种植优质稻，并在先期的水利改造等必要的基础设施建设等工作中共同发挥作用。扶贫办和村委会请专家到当地实地调查、选种，做基础培训，其信息和技术也由全村人共享。不同的是，建档立卡户由县扶贫办驻村工作队和村委共同扶持，扶贫办免费提供种子、农药和化肥，并提供每亩300元的补贴；村委会负责组织工作，并在收获后由村里带头示范户[①]以种植前约定好的价格对水稻进行收购和销售，市场风险由带头

---

① 目前，村里优质稻带头示范户包括村主任、村支书，还有几个村干部以及村里比较有经济实力的能人。

户承担。这样，生产成本和风险由县扶贫办驻村工作队承担，销售渠道和风险由村委会和带头户承担，优质稻的价格提高了许多，贫困户农业经营收入有了一定程度的提高，从而实现脱贫致富。非贫困户并不享受扶贫办的各项服务，仅仅按照个人意愿参与种植，种植过程中，可以参与相关培训，并与贫困户共享基础建设设施和销售平台。

2016年底，参与优质稻项目的追高来村民已超过100余户，其中八到九成为贫困户，共种植优质稻400余亩，亩产为1000斤左右。追高来村认准有机水稻市场，对水稻种植环节层层把控，争取创建出有代表性的品牌，提升产品溢价。

稻花鱼项目是与优质稻共享基础设施的配套项目，是在生态农业的思路下，借鉴邻村成功经验推广的扶贫项目。县扶贫办驻村工作队按照贫困家庭的水稻耕种面积，为建档立卡户免费提供鱼苗。鱼苗的密度为每亩10斤左右，成熟后每亩大概能收获50斤稻花鱼，由村民自行出售。蓄水插秧、放水捉鱼，稻花鱼项目的优势在于几乎不增加任何成本，也不需要过多精力的投入，还能够为贫困户带来每斤14元左右的收益[1]。

优质稻和稻花鱼项目，都属于较为传统的农业项目。其优点是成本较低、风险小、对技术要求低。水稻的市场需求比较稳定，价格起伏不会过大。优质稻的选择符合追高来村的地理条件，是非常稳妥的基础项目。这类项目也有自身的弱势，就是对劳动力需求比较大，对于拥有大量

---

[1] 相关数据由村委访谈提供，2017年8月9~12日。

图 4-1 追高来村优质稻和稻花鱼项目

（刘小珉拍摄，2018 年 9 月）

劳动力的家庭来说，外出打工获得的收益远远高于水稻种植，而缺乏劳动力无法打工的家庭，又很难适应高强度的劳作。因此，优质稻和稻花鱼的配套项目，一直处于一种劳动力短缺的状态，这可能会影响该项目的进一步发展。

二 猕猴桃园项目

与优质稻项目不同，猕猴桃园的建设相对来说需要劳动力较少，收益更高，但猕猴桃生长周期长，技术要求高，各种风险也较大。

与优质稻项目相似，猕猴桃园项目也是一个基础建设设施、技术和销售途径由全村人共享，愿意种植者皆可加入的项目。但是，在管理的方式上，贫困户和非贫困户在猕猴桃园项目中有着更大的差异。

对于非贫困户来说，种植水稻和猕猴桃在管理流程上没有差异，但对于贫困户来说，两种模式完全不同。由于猕猴桃可以在坡度较小的山地种植，不需要如水稻一般平整土地，所以园区化、规模化的种植成为可能。另一方面，由于猕猴桃种植在追高来村属于新尝试，而追高来村的贫困户又多属于缺乏技术和劳动力的群体，委托管理就很有必要。规模化种植、委托管理这种模式，可以降低成本和风险，因此成为追高来村精准产业扶贫中的新尝试。

为提高产业的收益率，村委会希望能够寻找到收益更高的作物。经过民主集中讨论，追高来村决定种植米良一号猕猴桃。米良一号是在腊尔山台地成功杂交出的优良品种，具有适应当地气候、营养丰富、抗病能力强等优点。村委也考虑过市场售价更高的红心猕猴桃，但由于红心猕猴桃为外来品种，容易生病，风险过高，且猕猴桃从种植到采摘需要长达 3 年的周期，为了降低风险，米良一号成为最终被选定的品种。

选中品种后，为达到规模化种植，县扶贫办驻村工作队和村委开展了针对贫困户的土地流转。贫困户利用自己的土地入股种植园项目，通过土地流转，在追高来村边缘建立起 100 亩左右的集中园区。园区由扶贫办提供幼苗、化肥、藤架等生产资料，由政府提供道路、电力等配套基础设施，并由推举的负责人进行统一管理。除此之外，2016年，县扶贫办驻村工作队为猕猴桃园提供了每亩240元的苗补和技术培训，保证猕猴桃园项目顺利进行。

猕猴桃园的收益属于贫困户。在种植期间，贫困户在猕猴桃园工作，获得工资收益，在猕猴桃成熟后，贫困户根据其家庭入股的土地多少分配收益。猕猴桃园的风险由贫困户共同承担，但由于其成本由县扶贫办承担，前期基础工作结束后，长达3年的生长期并不需要过多人力投入，因此一旦风险发生，贫困户的经济损失有限，失去的主要还是机会成本。由于生长周期长，猕猴桃园项目尚未取得收益，但市场预期良好。通过私人收购，先期试种的猕猴桃种植带头人在2013年成功收获了6000斤猕猴桃，并以每斤1.4元的价格在市场出售，这一收入水平对村民是比较有吸引力的。

但是，猕猴桃园项目也存在一定问题。一方面，周期过长和市场风险不可控。村民很难估计3年后市场上猕猴桃的供给量，如果供给量暴增，则意味着价格暴跌，漫长的生长期会扩大这一风险；与私人收购商的合作又很不稳定，不能保证销售渠道的通畅，因此该项目的风险与传统水稻种植相比，还是很大的。

另一方面，效率问题也是困扰猕猴桃园项目发展的大问题。属于精准扶贫项目的在百亩集中园区生长的猕猴桃，和非贫困户个人散种的156亩猕猴桃，生长状况差别巨大。经过两年的培养，非贫困户分散种植的猕猴桃，已经攀援上架，有覆顶之势，而贫困户在百亩集中园区种植的猕猴桃，却只生长了10~15厘米，尚未开始爬藤。究其原因，一是贫困户多存在劳动力不足、技术不足、学习能力差的实际困难，在面对新技术时，其平均劳作效率很难与非贫困户相比。二是无论是扶贫工作者还是管理者，均不参与园区分红，无论效率高低，都不会对其造成影响，因此他们较少参与田间操作，缺乏动力。三是猕猴桃收益周期过长，贫困户对新品种的种植抱有观望态度，又长时间看不到收入进账，很难不精神懈怠。

尽管如此，追高来村村委和猕猴桃园项目参与者仍旧对该项目抱有很大期望，并认为猕猴桃园项目一旦发展成熟，会代替优质稻项目成为精准产业扶贫项目中的创收主力。

三 大米加工厂

大米加工厂项目，是追高来村各种产业扶贫项目中唯一的工业项目。由于优质稻项目在追高来村取得了普遍成功，建立大米加工厂，对优质稻进行初级加工再出售，从而提升优质稻的收益，成了一项顺其自然的选择。

与优质稻项目和猕猴桃园项目不同，严格意义上讲，大米加工厂项目并不是一项明确指向建档立卡户的扶贫项目。大米加工厂由追高来村集体所有，目前以每年1.2万元的价格承包给村委会主任，由村委会主任进行管理。大米加工厂承包人以约定价格收购村民的稻谷，将其加工成大米后对外销售，市场风险由大米加工厂的承包者——村委会主任承担。

大米加工厂的承包费归村集体所有，除了用于支付一些必要的公共建设维修花销，主要用于追高来全体村户的分红。对于贫困户来说，不仅能够在大米出售后获得集体分红，还能在工厂中做工获得工资。

现阶段来讲，大米加工厂才建完不满一年，只能为 5 到 6 名贫困村民提供工作，但作为追高来村唯一的工业项目，此后的发展值得期待。

四 养殖项目

养殖项目最适合缺乏劳动力的贫困家庭，无法做繁重劳动的病患、留守老人和留守儿童，家中有残疾或幼儿需要照顾而无法正常工作的被束缚的劳动力等。

常见的养殖品种有黑猪和鸭，猪苗、鸭苗均由扶贫办提供。2016 年，对口帮扶单位县扶贫办为贫困户发放猪苗 60 头，鸭苗 600 羽，由贫困户自行养殖和贩卖。

养鸭饲料成本低，收益周期短，体力需求不大，是缺乏劳动力的贫困户的首选。一羽鸭能够长到 6 斤以上，每斤市价 14 元，鸭蛋也能带来一定收益。虽然鸭子的收益并不高，但因为牵扯精力少，能够为贫困户提供额外收益而受到欢迎。

相对来说，养猪的收入更加可观，追高来的贫困户中，已经有人通过养猪脱贫致富。追高来村养猪模范与私人养殖合作社合作，养猪致富，而后扩大养殖规模，带动其他贫困户共同致富。

我们在追高来村访谈的时候了解到，追高来村希望扩大黑猪养殖规模，以便让更多的贫困户参与养殖，提高贫困户的收入，实现脱贫致富。但是目前黑猪猪苗暂时供不应求，并且由于黑猪养殖是污染项目，若想扩大养殖规模，养猪场需要远离村庄，但这样一来，需要另外提供道路和养猪场的电力。因此到 2017 年底，虽然村民希望扩大黑猪养殖规模，但苦于资金限制，此计划并未顺利实施。

五　烟草项目

烟草项目并不是由县扶贫办驻村工作队直接负责的项目，而是部分村民通过产业扶贫脱贫后，积极发挥带头作用，带领大家共同致富而创办的项目。

带领大家进行烟草种植和加工的农业示范户，根据节令的不同，每年可以雇佣 400~700 名工人，是追高来村本地吸收就业的重要力量。最开始，该示范户通过扶贫项目的帮助开始种植烟草，很快脱贫致富。然后，他扩大烟草种植的规模，雇佣村里的劳动力帮他种植、管理烟草，给村里部分剩余劳动力提供就业机会，增加他们的收入。目前，他的业务已经扩展至多个省份。

烟草项目的成功，证实了通过产业扶贫使贫困户自力更生的可能性，不仅为追高来村创造收益，还有巨大的激励作用。

第二节　追高来村产业扶贫的优势、困难和存在的问题

在发展扶贫产业的过程中，追高来村不断寻找自身优

势，依据优势发展适合自身的产业，同时也遇到了一些困难和问题。

一 优势

（一）地理优势

追高来村位于高原台地，全年湿润多雨，温度较低，适合特色作物的生长。比如，广泛种植的优质稻、米良一号猕猴桃、烟叶等，都是根据当地气候条件精选的特色品种。追高来村不仅有独特的气候条件，同时还具备良好的生态自然环境，空气清新，土壤和水源均未受到过污染，因此有条件发展附加值较高的绿色农业、生态农业项目。只要管理得当，成功创建自己的绿色农业品牌也是很有可能的。

（二）文化优势

独特的苗族文化也是追高来地区的发展优势。苗族文化不仅对旅游产业和手工业的发展有重大影响，还提升了农业产业和食品加工业品牌建立的可能性。除了富有民族特色的物产，民族特色食品加工、民族风格的产品包装也有助于提升其产品的可辨识度。

（三）周边成功经验

由于本村和邻村成功案例的存在，村民给予精准产业扶贫项目强烈的信任，虽然在 2015 年各种项目的建立初期出现了一些由于经验不足和误判导致的失败，但并没有影响村民致富的信心。追高来村扶贫的氛围是积极的，村民对精准扶贫的作用和意义表示肯定，这是非常宝贵的资源。

二　困难

（一）地理因素

追高来村的地理条件，既是其发展的优势，又是其发展的阻碍。追高来村多山的地理条件，为其发展带来了三个不利影响。

第一，山地会影响农业的规模化生产。追高来村的水田均为零散条状分布，百亩集中猕猴桃园也处在偏远的村庄边缘地区，即使想要扩大面积，也很难找到更多适宜的土地。这种地形不仅严重限制能够选择的作物种类，还极大地增加了种植成本，如果不走少而精的路线，很难产生足够的收益。

第二，山地地形极大地增加了基础设施建设的成本。首先，一切扶贫产业都依赖于道路的畅通，没有道路进行运输，生产的东西就很难外销。追高来村的山地地形大幅增加了道路修建成本，这意味着同样金额的先期基础建设投入，能够服务的产业内容却少得多。其次，山地地形对水利工程的影响也比较大，复杂的地形增加水利工程的成本。追高来水田修筑和蓄水池的修建工程都已基本完成，但维护费仍旧是一笔不小的开销。最后，供电设施等设施建设，同样会因为地形复杂而增加成本。

第三，山地地形增加运输成本。复杂的地势会影响交通运输的效率。追高来村狭窄的盘山道不仅增加了运输距离，还限制了运货量，增加了货运风险。整个腊尔山台地地区冬季寒冷，一旦道路结冰，所有的交通都会停止，这会严重地影响效率。

（二）劳动力外流

劳动力外流是影响追高来村扶贫产业发展的另一个困难。表面上看，外出就业能够快速为贫困家庭带来可观收益，脱贫致富，但是，这种模式会带来很多弊病，不只是留守老人和留守儿童的生活和教育问题。外出打工对年龄有着比较大的限制，等到个人外出的黄金年龄一过，返乡后面对的仍旧是没有任何优质产业可供其就业的尴尬境地。与此同时，骨干劳动力的外流，会严重影响乡村自身产业的发展。无论追高来村想发展哪一种产业，优质劳动力都是必要的条件。没有劳动力就无法发展自身的优质产业，没有优质产业就无法吸引优质劳动力返乡。这是一个恶性循环，最终会导致乡村产业凋敝。村民将生命中的黄金阶段献给他乡，年老后回到故乡忍受贫瘠。

在追高来的产业发展中，劳动力的缺乏已经成为一个非常严重的问题，特别是在将本来就缺少技能的贫困户组织起来的过程中，这种无力感更加明显。许多发展优质产业的可能性，都被劳动力不足扼杀，劳动力外流是阻碍追高来村产业扶贫的重要因素。

（三）资金不足

资金不足是扶贫工作中普遍存在的现象。追高来村地形复杂，基础设施薄弱，若想发展产业，需要大量的先期投入。虽然追高来村扶贫工作得到了县政府、镇政府在资金上的大力支持，但仍旧由于资金紧张而不得不延缓建设速度。比较典型的就是黑猪养殖项目，明知市场需求旺盛，应该抓住机遇扩大养殖规模，却因为没有足够的资金修建道路和电力设施而痛失机会。

（四）销售渠道少，信息不畅

现阶段，追高来村扶贫产业的销售渠道还处于村民集体或村民个体在市场上寻找购买者的阶段，网络和电商由于基础设施问题暂时无法实现。依靠传统合作或碰运气的方式通过收购商销售，是追高来村的销售方法。在收购过程中，村民对收购时各地的市场价格并不了解，被压价收购的概率相对较大。

虽然现在村委会也在四处奔走，寻找更加合适的合作对象，但是信息不足的问题还是没有得到根本性的解决。有受访村民告诉我们，他们将稻花鱼以每斤 14 元的价格在本地卖出，后来发现只要多运输 20 多公里的距离，这些鱼的市场价格就能达到每斤 20 元。

信息匮乏会严重影响村民收益，抑制产业扶贫的效果，怎样让销售信息和销售渠道畅通，是值得当地政府考虑的问题。

三　问题

在开展产业扶贫工作的过程中，追高来村有三个问题是必须要面对的。

（一）资源获得的途径

资源不止指资金，还包括政策、信息、市场渠道等多种产业运营的必要条件。在参与式治理的视角下，资源的获得其实是两个问题。第一个问题是谁提供资源，是政府、市场、社会团体，还是村民自筹？另一个问题常被忽视，但同样重要，就是谁寻找资源。在政府主导的模式下，第二个问题不存在，政府本身拥有公共资源，可以直接投入。但是，在多方参与的情况下，从社会资本到贫困户，往往存在一个负责寻找资源的桥梁，他们可能是政治精英、经济精英、乡绅，也可能是贫困户本人。这些桥梁的能力会直接影响社会资本的多少和质量，是参与式治理下扶贫工作的一个重要关节点。

追高来村也面对资源不足的问题。由于复杂的地形和之前薄弱的基础设施建设，追高来村若想发展产业，需要花费大量的资金进行前期基础设施建设。但资金短缺，基础设施供应不上，导致产业只能放慢发展速度。而社会资本对基础设施建设这种先期投入兴趣不大，这就造成了政府"被迫独大"的局面。因此，在难以取得更多资源的前提下，若想保质保量完成产业扶贫计划，要么要加大投资，加快基础设施和产业建设，要么放宽时间表，给予村庄更多的时间。

在我们调研走访过程中，另一个被反复提及的困难，是销售渠道的不畅通。村民在销售农产品时，可能会由于消息的闭塞而蒙受不必要的损失。希望政府能够统一收购，是受访者一种比较常见的想法。但笔者个人从可持续性的角度来看，并不十分认同这种观点。我认为，通过电商或政府提供的农副产品交易信息平台，拓展村民的信息获得渠道，使其能够在信息对称的条件下寻找买家或合作伙伴，才是解决销售渠道不畅通问题的根本办法。

（二）风险的控制

在产业扶贫的过程中，谁来承担风险，是一个广受关注的问题。每一项新产业的建立都存在风险。比如农业产业要面对自然风险和市场风险，病虫害、天灾或仅仅是气候不合时宜，市场误判、市场价格突变、政策变化等因素都可能给参与者带来严重损失。在精准扶贫的条件下，绝大多数参与者都是抗风险能力最弱的人，所以重视风险，给予参与者足够的风险保障，可以极大地增强受助者的信心和勇气。

风险不应该由贫困户个人承担，也不应该由贫困户集体承担。政府应加强农村生产风险防范和保险体系等建设。

（三）公平与效率的博弈

在讨论公平与效率的博弈之前，首先要提出两个作为前提的客观因素。

第一，在劳动能力上，贫困户的平均水平，会因为多种原因，达不到非贫困户的平均水平。一个家庭陷入贫困，绝大多数情况下是由客观因素导致的，比如疾患、孤寡、严重的超生、教育水平远低于平均水平等。这些家庭虽然没有完全丧失劳动能力，但在竞争中处于劣势。

第二，公平和效率有时会产生矛盾。按劳分配能够提升人的生产积极性，但对缺乏劳动能力的人来说，是一种不公平，至少在"扶贫"这项活动中，是一种不公平。而按需分配，又很难调动起劳动者的积极性，虽然看起来更公平且人性化，但是会损失一部分效率。

在以上两个前提下，我们可以分析追高来村扶贫工程项目的两种不同思路，以及他们所产生的结果。

首先是效率思路指导下的扶贫模式。养殖项目是最能体现效率思路的一种扶贫模式。被扶助者可以按照自身条件选择养殖黑猪或者鸭子。黑猪养殖的收益要比鸭子大得多，如果养殖者同市场合作，参与屠宰等环节，不仅能快速脱贫，还能走向富裕。而如果选择养殖鸭子，农户收入就相对一般，如果养殖鸭子的数量比较少，一般只够自家食用，几乎很难增加家庭的货币收入。

但是，还是有大量村民，没有选择饲养黑猪，而是选择了鸭子。这是因为，如果要饲养黑猪，首先需要更大的养殖场地，然后需要更多的劳动力，以及有足够的资金支付饲料费。对于建档立卡贫困户而言，虽然猪苗是免费提供的，但后期的各种成本较高，选择饲养黑猪的贫困户，还是只有那些有能力搭建猪圈、家庭有劳动力，并且有一定资金积蓄的人。另一方面，一些特殊贫困家庭只有能力饲养鸭子。以我在调研中走访的高龄夫妻家庭为例，两位老人既没有体力饲养黑猪，又没有足够的积蓄支付饲料钱，只能在力所能及的范围内饲养了6羽鸭子，依靠鸭子产蛋为主要收入来源，经济状况窘迫。

在效率优先思路的指导下，让有能力的人得到更多的回报，实现收益最大化，这无可厚非，但是"扶贫"的目的就是促进公平，之所以强调要"精准"，正是由于在之前的模式中，效率思路占据上风，最需要救济的人没有得到应有的救济，扶贫资源被大量浪费。所以，单纯强调效率的思路并不能得到我们想要的扶贫效果，扶贫必须考虑公平。

单纯地考虑公平，而不顾及效率，也会产生问题。这一问题在猕猴桃园项目中得到了充分的体现。

猕猴桃园采用的是建档立卡贫困户利用土地入股，委托管理，按份分红的模式。在追高来村贫困户土地面积差别不大的现实情况下，这是非常典型的不考虑个人能力，只考虑"建档立卡"身份的扶贫模式。

然而，如前文提到的，在猕猴桃园项目中，由贫困户种植的百亩集中猕猴桃苗只生长到了 10~15 公分，而非贫困户分散种植的猕猴桃却已经基本完成了爬藤。这可能是多种原因造成的，但可以肯定的是，在贫困户占有宝贵的连片土地资源，且扶贫办给予大量特别帮助的情况下，百亩集中猕猴桃园中的猕猴桃生长水平，仍旧远不及无人帮助的普通农户种植的猕猴桃生长水平。这并不是最终贫困户的平均收益没有非贫困户多的问题，而是如果后期猕猴桃市场出现供大于求的状况，贫困户很可能会因为种植的猕猴桃竞争力弱而血本无归，3 年的努力化为泡影。

也就是说，单纯地强调公平而忽视效率，仍旧会造成资源浪费，而且可能是更加严重的资源浪费。无论发展什么产业，最终都要连通市场，接受市场竞争的考验。通过建档立卡的身份认定，在生产环节给予贫困户完全排他的全方位保护和福利，并不能保证其产品在最终的市场竞争中获取胜利。除非政府甘愿长期提供从赠送种苗到政府收购的一条龙服务，但这种政策和促进贫困户最终自立发展的产业扶贫初衷相去甚远，它不过是换了一种方式的直接撒钱，因此是不应选择的。

因此，在产业扶贫的探索中，我们可能需要探讨一些兼顾公平和效率的可能行动模式。在公平和效率的博弈中，公平一定是占主导的价值取向。精准扶贫的首要目的是维护社会公平，而不是促进经济发展。之所以将效率概念引入公平模式，是为了更好地维护公平。

第三节　追高来村产业扶贫的成效

　　产业扶贫是精准扶贫精准脱贫的重要途径之一，与劳动力转移就业共同成为贫困户提高收入水平的两大支柱。与劳动力转移就业相比，产业扶贫有着对劳动力质量包容性更强的特点，能同时起到"留住人口"，促进村庄的稳定与繁荣的作用。

　　2015年至2016年底，追高来村成功脱贫68户，其中，2015年24户，2016年44户。脱贫途径主要为劳动转移就业、产业扶贫和两者间兼有的混合模式。由图4-2和图4-3可以看出，2015年和2016年，三种脱贫方式的比重有着明显变化。

　　由图4-2、图4-3可以看出，在2015年，单纯的劳动转移就业模式是脱贫的绝对主力模式，产业扶贫并未取得明显效果。而到了2016年，产业扶贫模式开始发挥作用，有77%的家庭开始依靠产业增加收入。这主要是因为产业的发展需要摸索、培育期，在风险和收益不明朗的情况下，贫困户会采取观望态度，而产业一旦成型，收益得到一定保障，加入者就会增加。正是追高来村产业扶贫项目的稳健发展，给予了贫困户信心和保障，才使更多的贫困户愿意选择加入其中。而贫困户自身的选择，且依靠产业扶贫等措施实现了脱贫，就是产业扶贫项目成绩最好的证明。

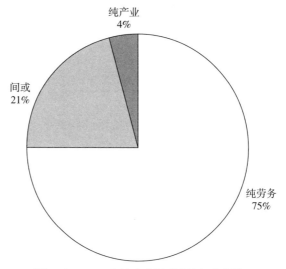

图4-2　2015年追高来村脱贫途径分布情况

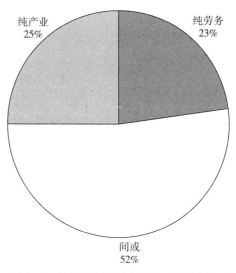

图4-3　2016年追高来村脱贫途径分布情况

第四节　追高来村产业扶贫的经验

追高来村产业扶贫遇到三个问题，分别是资源不足问题、风险承担问题和建档立卡户与非建档立卡户间公平与效率的矛盾。在产业扶贫过程当中，追高来村也在不断摸索尝试解决问题，并积累了一些经验。我将这些经验进行总结整理，希望能够提供一些有益的思路。

一　社会资本——寻求资源的途径

获取更多的资源是参与式治理的目的之一。有效利用多种资源可以缓解政府在扶贫工作中的资金压力，并且能够更好地提供市场信息、销售渠道这类政府很难宏观把握的资源。近年来，政府一直在鼓励社会资源参与扶贫工作，并在多方参与的模式下促进被帮扶者的自力更生。

但是，也有许多学者发现，在扶贫工作中，政府仍旧发挥着绝对作用，社会参与仍旧不足，并因此号召政府给予社会参与者更多的空间。然而，这种呼吁可能忽视了一个问题，就是获取社会资源是需要能力的。贫困户本就处于弱势，较少拥有调动社会资源的能力，利用道德施压或政府施压强迫社会资源参与也是不恰当的，因此很难使更多的社会资源投入其中。换句话说，并不是政府不想让更多社会资源参与扶贫，而是在社会资源参与极其有限的情况下，政府不得不"一家独大"。

与其他扶贫模式相比，产业扶贫可能是一个突破口，是拓展资源，是促进共同参与的先锋试验场。在参与式治理的模式下，全体参与者都是扶贫工作的"主人"，依靠全体参与者的社会资本寻求资源，会给扶贫工作带来极大助力。

二　贫困户获取社会资源的四种模式

从凤凰县追高来村的情况看，获取社会资源的模式有四种，分别是村民自发模式、政治精英模式、经济精英模式和乡绅模式。

（一）村民自发模式

村民自发模式是一种网状模式，在出外打工找工作时很常见。村民自发模式通过"一带一"的方式，使每个村民最终都能和社会资源直接联系。此模式有三个特点：村民互为桥梁，资源来自社会；自行承担风险，享受全部收益；非常公平，但效率较低。

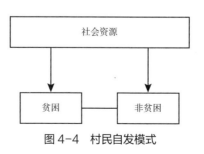

图 4-4　村民自发模式

（二）政治精英模式

政治精英，如村支书、村主任代表村民寻找社会资源。政治精英同时受到民主监督和行政监督，在此模式下，村民不再直接接触社会资源。政治精英有同时掌握政府和社会资源的可能性，一方面，使资源调度更灵活，有利于提高资源使用效率；另一方面，在监督不当的情况下，也容易产生权力滥用，或制造不必要的矛盾。此模式有三个特点：政治精英作为桥梁，同时掌握政府和社会两种资源来源；集体承担风险，按劳或按约定分配收益；重视公平和效率的平衡，往往更倾向于公平。

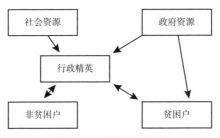

图 4-5　政治精英模式

（三）经济精英模式

经济精英主要指各种劳模、企业带头人、回乡企业家，他们主要掌握社会资源。这种模式是完全的市场化模式，更加重视受助者的能力，有以下三个特点：经济精英作为桥梁，资源来自社会；自行承担风险，按约定分配收益；往往更倾向于效率，公平性较弱。

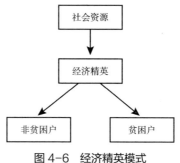

图4-6　经济精英模式

（四）乡绅模式

乡绅是一种十分特别的存在，他们或者是退休官员，或者与政府有着特殊的联系渠道。他们有着十分强大的社会影响力，这使他们同时有着寻求政府资源（比如更容易申请到优惠政策）及社会资源的能力。与政治精英不同，乡绅没有职务在身，不受各方监督，是一种十分值得讨论的"桥梁"。乡绅模式具有以下特点：乡绅作为桥梁，资源来源为政府及社会；自行承担风险，按约定分配收益；往往更倾向于效率，公平性较弱。

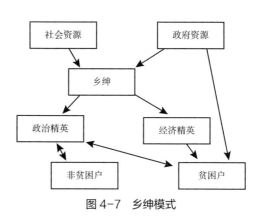

图4-7　乡绅模式

三　市场风险与政策风险

（一）市场风险

产业扶贫是以帮助贫困户脱贫，实现共同致富为目的而设立的，因此，给予稳定的经济保障是一项基本要求。但是，政府采买式的扶贫项目很难使贫困户通过独立自主的方式创建具有可持续性的产业，而通过市场渠道进行销售，又会造成贫困户风险的增加。因此，如何在保障贫困户基本收入的前提下，促进产业与市场衔接，就成为一个大问题。

第一，工资加分红的模式。

一切扶贫产业项目，最终都必须经历市场竞争这项考验，只有产品真正卖得掉，才能说产业项目是可持续的，才能说是成功的。然而，市场存在风险，如果这种风险仅仅由贫困户来承担，则背离了扶贫工程的初衷。因此，要想保障贫困户的收益，就必须提高产业扶贫项目的产品竞争力，这是一项必须面对的难题。

所谓工资加分红的模式，就是给予参与项目的贫困户"雇员"和"股东"的双重身份，利用雇员身份，为其收入的稳定性提供保障；利用其股东身份，保证其参与市场的动力。

例如追高来村的猕猴桃项目，贫困户通过自家承包的土地入股合作社成为股东，而后委托合作社管理，再通过雇员身份参与猕猴桃的生长管理领取工资。猕猴桃园的基础设施、猕猴桃苗、技术培训等费用由县扶贫办承担，猕猴桃的销售由合作社通过市场途径解决，显然合作社比单家独户的市场销售能力要强。这就为产业扶贫项目的成功奠定了一定基础。

第二，政府信誉担保与中间商承担风险。

另一种方式，是在种植之初，农户便与中间商约定收购价格，政府为农户信用进行担保。如果当年的市场售价低于约定价格，其损失由中间商承担；如果市场价格高于预定价格，而农户不按照约定价格将产品卖给中间商，则政府承担担保义务，弥补中间商的损失。

这种方式可以将风险转移给中间商，并提高农户的诚信意识，为贫困户的收益提供保障。

第三，产业升级与品牌打造。

对农产品进行加工，打造品牌，树立口碑，将产品做大做强，是提高市场竞争力、降低市场风险的有力途径。

追高来村正在探索通过建设大米加工厂和猕猴桃罐头厂等农产品加工项目，建立稳定的供求链，使各项扶贫产业趋向稳定和成熟。

（二）政策风险

产业发展需要面对时间积累的需求和政策不断调整之间的矛盾。基于我国经济的快速发展，社会也在迅速变化，这就要求扶贫政策必须依托新环境，不断地进行改革和调整。但是，一个产业的成熟需要时间的积累，而政策变化会对产业的发展产生重大影响。因此，在政策调整与稳定环境之间找到平衡，是一个亟须解决的问题。

第一，寻找可持续发展的产业类型。

扶贫产业的发展，应杜绝搞"跟风产业"的心态，因地制宜地寻找适合当地长期发展的产业，是产业得以长期稳定发展的基本前提。寻找这类产业，需要专家和当地干部、群众充分沟通和耐心尝试。

在猕猴桃园选择品种的过程当中，追高来村根据自身条件，放弃了流行的红心猕猴桃，而选择了更适合当地情况的米良一号猕猴桃，就是一种务实的态度。而事实也证明，选择米良一号是正确的，虽然红心猕猴桃市场售价更高，但在当地发病率高，风险较大，加之猕猴桃苗的成长周期长达 3 年，因此对于贫困户来说，并不是最为合适的选择。

第二，建立多方参与的"资金蓄水池"。

在扶贫政策调整过程中，资金的配给也可能会发生一定的变动，因此，扶贫产业的全部资金都依靠扶贫拨款，是一件存在风险的事情。

但是，如果由地方政府财政补贴、银行贴息贷款、社会资本注入等多方参与，建立起一个"资金蓄水池"，便可以有效抵抗这种风险。与此同时，多方参与也能够促进扶贫产业与市场的衔接，促进扶贫产业的自立和可持续性发展。

第三，联合会模式下的产业风险分散。

联合会是由村民自发成立的，跨越不同产业项目，为参与者提供资金、技术、咨询、销售渠道拓展等多种服务的组织。联合会可以通过协议价格收购参与者的农产品，降低农户的市场风险，并且联合会包含多种产业项目，因此其自身也能够有效地分散风险。

四 建档立卡户与非建档立卡户间矛盾的解决

追高来村普遍贫穷，在贫困户名额有限的情况下，即使采取民主投票等多种方式尽力做到名额分配的公正，还是存在大量家庭经济状况与贫困户相近，但并未能获得贫困户待遇的家庭。这会给追高来村的内部团结造成负面影响，同时带来村民对于扶贫工程公平性的质疑。

第一，不要"贫困户的产业"，要"贫困户有能力参加的产业"。如果一个扶贫产业项目，其服务对象仅仅包含贫困户，而将其他人完全排斥在外，则必然引发矛盾。但是，如果一个扶贫产业项目，同时向贫困户和非贫困户开放，只是对参与其中的贫困户进行必要的扶助和补贴，那么所产生的矛盾就会小很多。

以追高来村的稻花鱼项目为例。稻花鱼项目向全部地理条件适合并有意愿加入的村民开放。村民共享该项目下修建的水利设施，共享技术培训和销售渠道。不同的是，在每户所必需的田埂硬化工程上，贫困户的硬化费用由扶贫办承担，而非贫困户的硬化费用自行承担；贫困户享受扶贫产业专项资金提供的免费鱼苗，而非贫困户仅享受县政府另行提供的鱼苗补贴。

这种全员参与、贫困户享受更多优惠的项目，不仅可以减少贫困户与非贫困户之间的矛盾对立，同时还能促进技术交流，提高生产效率。

第二，可共享资源的开放。扶贫产业下的资源，也可能是带有共享性质的。其中，最明显的是教育培训与基础建设。在产业扶贫中，针对贫困户的技术培训是一项重要任务，享受专门的资金。而实际上，让非贫困户加入培训的边际成本是非常小的，完全可以通过集体财政的少量补贴，使针对贫困户的培训变成全员可得的资源。而基础设施建设，更是能够在满足扶贫产业基本要求的情况下，同时造福非贫困户。开放可共享资源，使贫困户和非贫困户在扶贫工程中均能获得实惠，能够有效地减少摩擦。

第三，特别财政补贴与社会资本的运用。

两个经济状况相近的贫困家庭，经过正规的流程后，一户成为建档立卡户享受各种优惠待遇，而另一户作为非建档立卡户未能获得任何优惠，我们可以说，这种结果是公正但有失公平的。为了减少这种不公平的情况，通过地方政府的财政补贴、贷款，或社会资本的帮助，缩小两者之间的差距，可以有效地缓解两者之间的矛盾，促进内部公平。

例如追高来村的养殖项目。贫困户享受扶贫办免费提供的猪苗和鸭苗，并在养成之后自行贩卖。与此同时，地方政府给有养殖意愿的非贫困户一定的特别补贴，鼓励非贫困户也加入养殖项目，一方面促进公平，另一方面扩大追高来村的养殖规模，从而有利于销售渠道的打开。

第四，非扶贫产业项目下对贫困户的优先考虑。

不仅扶贫产业项目可以向非贫困户的开放，一般产业也可以让非贫困户分享资源，形成一种互利模式。

追高来村的烟叶种植项目并不是扶贫产业项目，但其由脱贫致富带头人组织，并且有意识地向贫困户提供就业岗位，也为共同脱贫做出了贡献。

综上所述，追高来村的产业扶贫政策取得了良好的效果，追高来村村民在政府的帮助和支持下，克服了重重困难，现在已经初步摸索出了一条适合自身发展、目标计划明确的产业扶贫道路，并已经开始通过这条道路获取收益，逐步脱贫。

第五章

追高来村劳动力就业转移实践

第一节　追高来村劳动力就业转移的现状

一　凤凰县劳动力转移就业的实施情况

　　劳动力转移就业是我国改革开放以后产生的事物。1985年中央一号文件提出："要扩大城乡经济交往，允许农民进城设坊，兴办服务业，提供各种劳务，城市要在用地和服务设施方面提供便利条件。"随着东南沿海地区和京津冀地区的快速发展，不少农民从农村走向城市，进城务工，提高了收入。1992年以后，市场经济目标确立，改革进程加快，我国经济开始进入又一个高速增长期，农村劳动力进入快速转移的新阶段。21世纪以来，我国农村劳动力得到进一步释放，2001年中央鼓励农民以合理的方式转移就业。凤凰县农村劳动力转移就业在全国农村劳动力转移就业的大背景下展开，主要发展阶段与全国基本相同。特别是2000年以来，凤凰县农村劳动力转移就业发展迅速，主要表现为转移人口迅速增加。在当今精准扶贫的环境下，凤凰县扶贫开发办通过技能培训、创业培训、推荐就业等形式鼓励和引导凤凰县农村劳动力转移就业。根据对凤凰县就业局局长谢永兴的访谈，可以基本了解目前凤凰县劳动力转移就业的情况。

目前凤凰县农村劳动力转移就业主要采取了以下几个方面的举措。第一，搭建平台，建立劳动力数据库。第二，对贫困户进行培训实用技术如电工、焊工、厨师、种植、养殖、开网店等培训。第三，实施转移就业，凤凰县与广东、浙江一些用人单位签订相应的劳动用工协议，举办专门的招聘会，推进包括建档立卡户在内的劳动力转移就业。2016年一共举办了8场招聘会，为凤凰县农村劳动力提供了14100多个岗位信息。第四，通过政府购买服务的形式开发公益性岗位，实现贫困人口就地安置。第五，通过"企业＋农户＋基地"实现建档立卡户在本地、在家里就业。截至2016年2月，凤凰县共有建档立卡贫困劳动力人口46360人，已经外出务工的有22171人，占建档立卡贫困劳动力人口的47.82%。①

---

① 课题组与凤凰县各部门负责人开展精准扶贫座谈会，湖南省凤凰县政府，2017年2月6日。

二　追高来村劳动力转移就业的整体情况

追高来村的劳动力转移就业扶贫是凤凰县的一个典型代表。近年来劳动力转移比较迅速,根据村支书的介绍:

> 追高来村在实施精准扶贫政策之前,就早已兴起外出务工的热潮,早在 10 多年前,一部分青年就已经外出务工。从 2014 年实施精准扶贫建档立卡以来,这一现象更是得到引导和促进,各级政府和村党支部、村委都积极提倡劳动力就业转移扶贫,加大扶贫力度。①

根据凤凰县扶贫开发办提供的数据,截至 2016 年底,追高来村有人口 1343 人,其中建档立卡户贫困人口为 492 人,占总人数的 36.6%,表明追高来村的贫困较深,扶贫难度高。建档立卡户人口中有劳动力人口 267 人,占建档立卡户人口的 54.3%。建档立卡户劳动力人口中未外出务工的有 107 人,占建档立卡户劳动力人口数的 40%;已经外出务工人口有 160 人,占建档立卡劳动力人口的 60%(见表 5-1)。

① 课题组与追高来村两委成员座谈精准扶贫工作,湖南省凤凰县腊尔山镇追高来村,2017 年 2 月 10 日。

表 5-1　2016 年追高来村建档立卡贫困人口劳动力情况

单位：人

项目	建档立卡户贫困人口总人数	建档立卡户贫困人口劳动力总人数	建档立卡户贫困人口劳动力还未外出务工人数	建档立卡户贫困人口劳动力已外出务工人数	已到省外务工人数
合计	492	267	107	160	139

资料来源：凤凰县就业扶贫办公室，凤凰县建档立卡贫困人口劳动力情况统计表，2016 年 2 月 28 日。

在已经外出务工的 160 人中，到省外务工的有 139 人，占 86.9%；省内务工的有 21 人，占 13.1%（见图 5-1）。这说明追高来村劳动力就业转移的目的地大多数为外省，在本省务工就业的相对较少。对于这一现象，我们从访谈中得知，原因主要有两点。首先，湖南省的劳动力岗位不足，这是由湖南省的经济发展状况所决定的。湖南省经济发展取得巨大进步，但是同邻省广东相比还有很大差距，湖南省劳动力岗位不足导致劳动力就业转移偏向外省。其次，湖南省劳动力就业岗位薪酬较低。据一些村民口述，他们当中到广东务工的基本

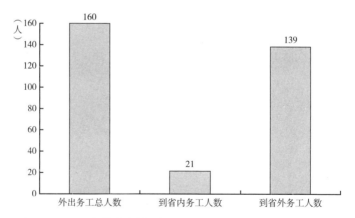

图 5-1　2016 年追高来村建档立卡贫困人口劳动力外出务工情况

资料来源：凤凰县就业扶贫办公室，凤凰县建档立卡贫困人口劳动力情况统计表，2016 年 2 月 28 日。

上每个月能得到约 5000 元的工资报酬，而在湖南本地只有 2000 余元，广东省与湖南省相邻，农民更愿意到广东省务工。

三 劳动力转移就业中建档立卡户与非建档立卡户的对比分析

本次问卷调查共抽取了 69 户村民共 327 人，其中有 38 户为建档立卡户，共 163 人；31 户为非建档立卡户，共 164 人。从家庭平均规模来看，建档立卡户为 4.3 人，非建档立卡户为 5.3 人，非建档立卡户的家庭规模更大。从健康状况来看，建档立卡户中 81.6% 为健康人口，非建档立卡户中 84.1% 为健康人口，非建档立卡户更为健康。从家庭劳动力情况来看，建档立卡户与非建档立卡户普通全劳动力二者占比分别为 63.4%、68.5%，技能劳动力二者占比分别为 7.1%、4.0%，部分或全部丧失劳动能力但能自理人口二者占比分别为 28.6%、23.4%，无自理能力人口二者占比分别为 1%、4%，数据表明，非建档立卡户比建档立卡户的劳动力资源更为充沛。从家庭人口年龄结构来看，建档立卡户中 0~14 岁人口占 25.1%，15~64 岁人口占 57.7%，65 岁及以上年龄人口占 17.2%；在非建档立卡户中，0~14 岁人口占 18.3%，15~64 岁人口占 65.8%，65 岁及以上年龄人口占 15.9%，建档立卡户家中有更多的儿童和老人，中青年人口比重比非建档立卡户低 8.1 个百分点；综观二者的抚养比，建档立卡户为 73.4%，非建档立卡户为 51.9%，这说明建档立卡户家庭劳动力人均承担的抚养人数更多，劳动力的抚养负担更重（见表 5-2）。

表5-2 被调查农户的基本人口特征

农户	调查户数（户）	被调查人口数（人）	家庭平均规模（人/户）	家庭健康状况		家庭劳动力情况			家庭人口年龄结构			抚养比
				健康人口比重（%）	有病或残疾人口比重（%）	普通全劳动力比重（%）	技能劳动力比重（%）	部分或全部丧失劳动能力但能自理人口比重（%）	无自理能力人口比重（%）	0~14岁人口比重（%）	15~64岁人口比重（%）	65岁及以上年龄人口比重（%）	（老龄人口＋未成年人口/劳动力人口）（%）
建档立卡户	38	163	4.3	81.6	18.4	63.4	7.1	28.6	1	25.1	57.7	17.2	73.4
非建档立卡户	31	164	5.3	84.1	15.9	68.5	4.0	23.4	4	18.3	65.8	15.9	51.9

从被调查农户的家庭基本情况来看，建档立卡户与非建档立卡户户主的平均年龄分别为55.8岁与61.7岁，家庭劳动力（16周岁及以上非在校学生）的平均受教育年限分别为5.5年、7.8年，家庭中干部（村干部、离退休干部、教师、医生、村民代表等）比重分别为1.0%、7.4%；家庭中普通农民比重分别为90.8%、77.4%（见表5-3）。上述数据表明，建档立卡户的家庭结构相对年轻，家庭整体教育程度比非建档立卡户平均低2.3年，为小学水平，文化程度低。建档立卡户家庭成员社会身份较简单且多为普通农民，干部比重仅为1.0%。

表5-3 被调查农户家庭基本情况

农户	户主平均年龄（岁）	家庭劳动力平均受教育年限（年）	干部比重（%）	普通农民比重（%）
建档立卡户	55.8	5.5	1.0	90.8
非建档立卡户	61.7	7.8	7.4	77.4

考察建档立卡户与非建档立卡户的务工情况，研究发现建档立卡户比非建档立卡户的务工人数低，重点体现在省外务工上。如图5-2所示，在务工人数占家庭劳动力数比重上，建档立卡户为37.1%，非建档立卡户为47.5%。在乡镇内务工方面，建档立卡户与非建档立卡户二者（下同）占比分别为10.7%、11.9%；在乡镇外县内务工方面，二者占比分别为0、2.5%；在县外省内务工方面，二者占比分别为8.2%、3.1%；在省外务工方面，二者占比分别为18.2%、30%；其他人员（包括在家务农、学生、军人

等情况）方面，二者占比分别为 62.9%、52.5%。建档立卡户与非建档立卡户在乡镇外县内务工的人数都很低，这在一定程度上是县内务工的工资水平基本相同，而回家距离又不如选择在乡镇内务工合算导致的。二者务工状况的最大区别体现在两个方面。一是建档立卡户省外务工不足，比非建档立卡户低 11.8 个百分点，省外务工往往能够取得更好的报酬，这部分劳动力的缺乏在一定程度上导致了贫困发生。二是建档立卡户中其他人口所占比重达62.9%，比非建档立卡户高 10.4 个百分点，家庭中的其他人口若能通过一定的教育培训，提升自身劳动技能水平，达到可以务工的标准，也能够缓解家庭的贫困状态。

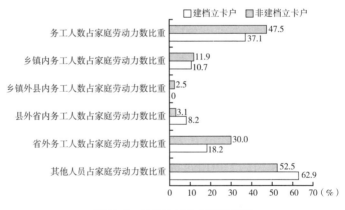

图 5-2　追高来村家庭务工状况

值得一提的是，在建档立卡户外出务工的人口中，男性占 61.67%，女性占 38.33%。外出务工的男性比女性多是较常见的现象，在追高来村，许多家庭男性外出务工，女性居家务农、教育孩子。从村民的口中得知，如果一个家庭中一名男性外出务工就能基本维持家庭的花销，那么他们更愿意做出这样的选择。如果一个家庭中男女主人都外出务工，那么留下的老人和子女将会面临赡养困难、缺乏家庭教育等问题。

对建档立卡户与非建档立卡户 2016 年度的劳动时间与劳动收入进行统计（见表 5-4），发现建档立卡户与非建档立卡户的务工劳动时长相近，但建档立卡户的劳动总收入是非建档立卡户的 71.6%，工资性收入是非建档立卡户的 55.1%，平均日工资是非建档立卡户的 54.2%。数据直观具体地表现了，在相同工作时长的情况下，建档立卡户收入水平较低的现象。造成这种现象的原因有两大方面：一方面，建档立卡户的收入有一定比重来自农业收入，农业性劳动收入比工资性收入低；另一方面，建档立卡户知识水平和技术水平较低，专业能力不足，只能从事收入相对低的劳动。

表5-4　2016 年劳动时间与收入

农户	去年平均劳动时间（天）	劳动总收入（元）	工资性收入（元）	平均日工资（元）
建档立卡户	265.9	21251	13002	64
非建档立卡户	265.3	29679	23576	118

诚然，随着劳动力转移就业工程的实施，越来越多的建档立卡户通过技能培训，能够得到一份较好的工作。而工资较高的工作多数处在东南沿海地区，男女主人选择到省外打工增加家庭经济收入带来了两个严峻的问题。首先是留守儿童问题。在我们的调查访谈中，留守儿童问题屡

见不鲜，一部分家庭中两个主要劳动力都外出务工，留下家里尚未成年的子女无人看护，这给他们的生活、教育、安全等都带来了极大的隐患。其次是农村土地荒废的问题。农民们常年外出务工，导致家中土地无人种植，三五年下来，土地已经长满荒草，造成了土地资源的浪费。

如图 5-3 所示，在建档立卡户中子女与父母生活居住的占 70%，与父亲一方同住的为 2.5%，与（外）祖父母同住的为 25.0%，独自生活的为 2.5%，没有与母亲一方或以其他方式居住生活。而非建档立卡户则表现出不同的情况，与父母生活居住的占 39.4%，与母亲一方同住的为 6.1%，与（外）祖父母的为 33.3%，独自生活的占 6.1%，其他占 15.2%，没有与父亲一方共同居住生活。

从上述数据可以看出，建档立卡户中子女大多与父母一同居住，较少一部分与（外）祖父母居住，父母基本能够陪伴在子女身边。而反观非建档立卡户，子女生活居住情况较为多元，与父母居住生活的比重相较建档立卡户低

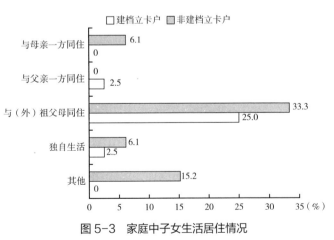

图 5-3　家庭中子女生活居住情况

说明：数据已排除与父母共同生活居住的情况。

约 30 个百分点，留守现象相对明显。正如上文所言，尽管劳动力转移就业能够提高家庭整体经济收入，但也面临留守现象增多等问题，这类问题不仅关乎于父母本身，更关乎上一代以及下一代未来的命运。

在随机抽取的 38 户建档立卡户中，参与劳动力转移就业培训的户数仅有 14 户，占比为 36.8%，参与率相对较

表 5-5　追高来村劳动力转移就业培训的情况

劳动力转移培训现状			
项目		户数	百分比
是否参与	是	14	36.8%
	否	24	63.2%
培训类型	农村实用技能培训	14	100.0%
	新成长劳动力职业教育	0	0
	劳动力转移就业培训	0	0
	贫困村致富带头人培训	0	0
参加时间	1 天	2	14.3%
	2 天	12	85.7%
学制	一年	1	7.1%
	短期	13	92.9%
证书类型	无证书	10	71.4%
	尚未结束	4	28.6%
补助资金	0	2	14.3%
	20	1	7.1%
	50	9	64.3%
	100	1	7.1%
	不清楚	1	7.1%
自费资金	0	14	100.0%
是否实现稳定就业	是	4	28.6%
	否	8	57.1%
	尚未就业	2	14.3%

低。政策提供的培训类型有四种，建档立卡户全部选择了农村实用技能培训，选择比重单一；参与培训的时间多为短期且并无培训证书；培训可适当提供补助，64.3%的农户获得了50元，并无自费金额。从结果上看，虽然政策提供了多样的类型与补助，但仅有28.6%的被访者实现了稳定就业。

第二节 劳动力转移就业成效

一 劳动力转移就业成为追高来村脱贫利器

从追高来村的具体情况来看，早在10多年前，就兴起了外出务工的热潮，一些村民通过到邻省广东务工增加收入，改变家庭经济状况。从2014年实施精准扶贫战略以来，外出务工更是得到引导和促进，各级政府和村党支部、村委都积极提倡劳动力就业转移脱贫。根据统计结果，2014年追高来村共有5户村民脱贫，其中3户是通过劳动力转移就业实现的，占总脱贫户数的60%；2015年，脱贫的24户家庭中，有18户是通过劳动力转移就业的，占总脱贫户数75%；2016年脱贫的44户中，有33户是通过劳动力转移就业实现的，占总脱贫户数的75%。

2014~2016年的数据表明，劳动力转移就业已经成为追高来村的"脱贫利器"，追高来村劳动力转移就业呈上升趋势。在这两次的调研中，课题组也选择了个别非建档立卡户进行访谈，了解到他们中有不少人通过外出务工摆脱贫困。根据追高来村随机抽样调查结果，69户村民327人中共有194名劳动力人口（包含建档立卡户和非建档立卡户），其中有120人在2016年曾有外出务工的经历，占总劳动力人口的59.3%。

二 追高来村劳动力转移就业方式愈加多元

首先，劳动力转移就业的工种和地点愈加多元。外出务工的工种有季节性到洞庭湖割芦苇、到广西收甘蔗等传统农业，有到江浙一带从事纺织、玩具、服装生产加工的轻工业，也有到广东、广西等省份从事电焊电工、装修、石材、电子生产加工等行业，还有就近从事餐饮、家政等服务业。从工种上说，不再限于传统建筑行业，务工地点也从广东省向其他发达省份分散。

其次，劳动力转移就业的渠道愈加多元。近年来，追高来村通过县级政府搭建平台，建立劳动力数据库；对村民进行实用技术培训，如电工、焊工、厨师、种植、养殖、开网店等；与广东、浙江一些用人单位签订相应的劳动用工协议；举办专门的招聘会，向村民提供岗位信息；政府购买服务的形式开发公益性岗位；发展"企业＋农户＋基地"的订单农业等形式实现劳动力转移就业。此外，农村劳动力转移就业还呈现"抱团式"特征，即亲朋好友互相引荐，让许多外出务工的村民少走弯路。

第三节　劳动力转移就业中存在的问题

　　就业是民生之本。从改革开放至今，转移就业一词在使用上随着社会结构的变迁也发生了变化。在精准扶贫语境下，转移就业可以使农民增加收入，创造财富，越来越多农民也选择用转移就业的方式方法来脱贫致富。湖南省凤凰县把劳动力转移就业作为贫困户脱贫致富最直接有效的手段，力争实现劳动力转移就业由盲目流动向有序流动转变，到 2020 年，实现劳动力转移就业脱贫 2.1 万人。[①] 其中，劳动力转移就业工程包括转移就业培训、转移就业、公共就业服务体系建设三大部分。追高来村作为典型的贫困村，转移就业虽取得一定成果，仍存在一些问题和困难，这类困难涉及农民自身的问题、转移就业工程存在的局限、转移就业后的负面影响等。

[①]　凤凰县人力资源和社会保障局:《凤凰县转移就业脱贫工程实施方案（2016~2020）》，2016 年 3 月 20 日。

一 农民对劳动力转移就业工程的认识不到位

追高来村村民劳动力转移就业的热情高涨，但对扶贫政策的认知尚有不足，体现在外出打工主要依靠同乡村民的介绍。根据 2016 年 2 月的统计数据，在追高来村 267 位有劳动能力的建档立卡户村民中，有 160 人选择外出打工，在腊尔山镇各个村庄名列前茅，外出打工人数最多。将外出打工的实际人数与建档立卡户总人数相除，我们得出腊尔山镇 14 个行政村建档立卡户外出打工的状况。在有劳动力的建档立卡贫困户中，追高来村外出打工的比重为 60%，在腊尔山镇 14 个行政村中排名第五，这在一定程度上说明追高来村村民外出打工的意愿较强。[①]

尽管农民外出打工的意愿较强，在转移就业方面取得了一定的成绩，但是农民转移就业的方式仍以自发随机进城为主。目前管理规范、规模较大的企业大部分通过城市正规的人力资源市场发布用工需求信息，地处农村的贫困人口很难接收到这些信息，就算接收到信息也存在不及时、不准确的问题，只得通过亲戚朋友介绍外出打工。[②]诚然，自发随机式的转移方式在一定程度上减小了进城打工的困难，却更容易导致各种后续问题的出现。由于盲目听从亲戚朋友的建议，一些农民工发现他们的就业现状和自身能力不匹配、自身权益受到了侵害。凤凰县政府在劳

[①] 凤凰县就业扶贫办公室：《凤凰县建档立卡贫困人口劳动力情况统计表》2016 年 2 月 28 日。

[②] 刘宾志、滑运舍：《精准扶贫中转移就业面临的困难与对策》，《领导之友》2016 第 23 期，第 5~9 页。

动力转移就业工程中明确提出，转移就业工程的目的就是要将盲目流动转变为序流动。反观追高来村，大部分外出就业的建档立卡户仍以自发随机的方式外出打工，一些建档立卡贫困户表示虽然听说过劳动力转移就业工程，但是对其具体的内容并不了解，农民外出打工的方式继续保持着原有的传统。

二 劳动力转移就业培训体系中存在的弊端

在劳动力转移就业的过程中常发生转移就业后工资水平低、工作稳定性差的现象。追高来村大部分外出打工的村民表示外出打工获得的收入只能维持基本生活，对整个家庭的脱贫贡献不大，造成此种现象的原因主要有以下两点。一是农村劳动力自身素质较低，追高来村劳动力转移人口的受教育程度普遍为初中；二是劳动力输出地消费水平较高，部分农民表示在就业地的生活开销大，在满足日常的衣食住行后难以有工资结余。针对此种现象，凤凰县政府在精准扶贫十大工程中加大了就业创业的培训力度，2016年在转移就业培训项目上投资308.4万元，利用企业对技能人才的迫切需求，组织贫困村建档立卡户参加有岗位对接的就业技能培训，并迅速安排其上岗就业。

在追高来村的调研中，我们发现并不是每一个村都有定向的职业培训点，大多数培训点设立在人口较密集，劳动力较丰富、在家务农较多、参加培训热情较高的贫困村。在没有设立培训点的村落中，村民若有倾向参加培训就要花费一定的时间和精力向上级有关部门申报，在得到有关部门的审批之后才可以到就近的培训点进行培训。此流程中存在一些问题。首先，政府并没有将有工作但缺乏工作技能的人群纳入培训范围，许多从事体力工作的农民工资水平低、生活条件差，这部分群体应是参加技术培训的主力军却参与较少。其次，开展培训的实际效用不高，据某些参加培训的人员反映，培训课程时间短、培训知识量有限，对于文化程度相对较低的村民来说收获不大。[1] 最后，经过培训的劳动力所从事的职业仍处于中下端，能够在发达城市打工的工人数量有限。以追高来村为例，经过培训可以到广东等地打工的农民占仅占参加培训人数的 1/6。[2]

三 省内基层就业平台吸纳劳动力程度有限

凤凰县政府在扩大劳务输出方面积极发挥基层就业平台的作用。县政府以开展"春节大型招聘会""就业援助月""春风行动""民营企业招聘周""高校未就业毕业生专场活动周"等公共就业服务活动为契机，搭建用工对接平台，组织劳务输出。每年在县城、中心乡镇召开 20 场左右的招聘会，计划安排就业专项资金 60 万元。经实地调查了解，我们发现以招聘会等基层就业平台为媒介进行劳务输出的效果并不理想。

---

① 凤凰县追高来村村民，建档立卡户，访谈日期：2017 年 2 与 10 日。
② 凤凰县就业扶贫办公室：《凤凰县建档立卡贫困人口劳动力情况统计表》 2016 年 2 月 28 日。

具体到追高来村，相关人员介绍："平均每场招聘会也就只有一到两个人能找到工作，大部分人都只是到招聘会上来凑个热闹，实际转移劳动力的能力是有限的。"在此种现象的背后，经济因素占有很大的比重。县内招聘会提供的职位具有岗位充足、距离居住地近、文化程度要求不高等多种优势，但工资水平相比广州、深圳等地却低了很多。追高来村村委会副主任解释道："同样一个劳动力，在镇上打工的工资平均只有 2000 元，但是在广州、深圳等地打工工资可以达到 5000 元以上，做同样的工作村民当然会选择工资更高的地方。"①

然而，大部分招聘会的工作以省内为主，工资水平相对较低，通过基层就业平台转移劳动力的程度有限。招聘会在举办过程中要花费一定的财力，而其获得的实际受益并不大，从某种程度上讲是对政府财政拨款的一种浪费。

四 劳动力转移就业加剧农村留守现象

20 世纪 80 年代以来，随着我国改革开放的不断深入，社会流动逐渐增强。在农村经济体制改革和城镇经济体制改革的推动下，农村中大量的剩余劳动力涌向城镇，剩余劳动力的转移加快了城镇化的进程。然而任何事物的发展都有两面，在农村劳动力转移过程中，产生了"留守"一词。"留

---

① 课题组与追高来村两委成员座谈精准扶贫工作，2017 年 2 月 10 日，湖南省凤凰县腊尔山镇追高来村。

守"在词典中常解释为居留下来并看管，与其相比，当今社会学意义上的"留守"更多表现出居留的释义。以常见的"留守儿童"概念为例，留守儿童是指父母双方外出务工或一方外出务工另一方无监护能力、不满 16 周岁的未成年人。与留守儿童所处的境况相似的还有留守妇女、留守老人，这些群体相对一般群体而言容易产生各种类型的社会问题。在劳动力转移就业过程中，无论是出于农民工自身原因还是出于城乡结构等客观原因，留守现象时常发生。

探讨农村留守现象产生的原因不得不回溯到农村劳动力转移上。以留守儿童为例，农民工的出现是留守儿童存在的基本前提，而农民工之所以出现又和我国现代化的独特道路有着直接关联，而这一切源于无法避免的"流动性"时代。[①] 无疑，整个社会发展的内在规律要求社会不断地变迁，高流动性则反映了当今社会变迁的一种趋势。作为农村劳动力流转后果之一的留守现象在贫困村脱贫的过程中屡见不鲜。

如追高来村村委会副主任所讲述的他的任职故事。村委会副主任在高中毕业之后没有继续接受教育，和大多数同龄群体一样，他选择到东南沿海等发达地区打工。一年之中外出打工的时间较长，老人和孩子成了留守老人和留守儿童。他说道："我出门在外，家里的老人没有人看管，小孩子因为父母不在到处惹是生非，外出打工虽然使家中的经济情况逐渐改善，然而带来的负面影响是难以估计的。"

---

① 岳天明:《"流动"的时代与"留守"的必然——对农村"留守儿童"现象的社会学解读》，《学习与实践》2014 年第 9 期，第 103~111 页。

在外出打工的几年中，他每次回家都要感慨，"生在这里的人不外出打工那就只有落得贫困，然而大家都去外出打工了，自己的村庄反而没人建设，落得更加荒凉。"所以，他毅然决然地选择返回家乡加入村两委，在用自己的双手建设家乡的同时，让自家的老人和孩子有个照应，在他们的心中抹去"留守"所带来的负面影响。

正如上述案例所说，劳动力转移就业虽然是实现精准脱贫的有效手段，但是工程在实施的过程中也可能产生诸如"留守"现象等负面影响。政府在设计脱贫工程时应考虑劳动力转移就业所造成的影响，从某种意义上讲脱贫致富并不应以牺牲原有的家庭关系为代价。

五 劳动力转移就业对当地农业的影响

追高来村的劳动力转移就业工程在一定程度上影响了当地的农业生产。正如上文所说，追高来村脱贫致富的主要手段还是家中年轻成员进城打工，大部分家庭的农业生产只能维系自家的自给自足，甚至部分农户表示自己家的田产的粮还不够自己吃。追高来村大量年轻劳动力选择以外出打工的方式来脱贫致富，这也意味着农村劳动力匮乏且老龄化现象严重。

农村劳动力转移在某种程度上存在过度现象，转移的劳动力不再是"剩余"劳动力，究其原因可能有以下几点。一是外出打工已然成为农村劳动力转移的趋势，一些农民长期外出打工导致土地荒芜，不具备回乡种地的能力；二是外出打工是农民脱贫致富的主要手段，农民每家每户的田地有限，花费年轻劳动力来经营农业无疑是对劳动力的一种浪费，农业具有一定程度的不确定性，易受天灾人祸的影响；三是为数众多的农民工早已习惯和融入了城市的生活，不愿意再回到家乡拿起锄头去种地。[①]

追高来村的劳动力转移就业对本村的农业生产造成了一定影响。据某村民反映，"在有劳动力的家庭中，能够外出打工的人都会选择外出打工，此种现象在年龄较轻的一代身上更为突出，留在家中种地的大多数是年长的老人，更有一部分人将土地闲置在那里，并不耕作。部分选择外出打工的人员没有时间耕种土地，但也不会将土地进行流转"，[②] 这主要有两种原因：一是传统观念使农民坚持占有土地的使用权；二是有些农民为了获取国家对于土地的补贴，简简单单地在地里种植一些东西，他们虽然大部分时间在外打工，但是因为有种地行为依然会获得政府给予的补助。总之，追高来村中有部分土地并未得到有效使用。

通过进一步了解，我们得知追高来村中的土地使用格局是20世纪80年代全国农村土地制度改革的产物，每家每户按照家庭人口数进行分配，每户都拥有一定的土地，然而成片的、规模化的土地并不多。在农村劳动力转移

---

① 夏莉艳：《农村劳动力流失对农村经济发展的影响及对策》，《南京农业大学学报》（社会科学版）2009年第1期，第14~19页。
② 凤凰县追高来村村民，建档立卡户，务农。访谈时间：2017年2与10日。

后，一些土地仍然由外出打工人员承包，同村中一些大户想利用此类闲置土地进行农业生产是十分困难的，这在一定程度上削弱了农业产业化效应。

可见，追高来村在进行劳动力转移就业扶贫时，一定程度上造成了农村年轻劳动力的流失，农村现有劳动力呈现出不足且老龄化倾向。同时，有部分转移在外的劳动力人口利用政策的缺漏，这在一定程度上浪费土地资源，对农业产业化发展造成二次伤害。

第四节　完善劳动力转移就业工程的建议和思考

一　加强农民对劳动力转移就业扶贫工程的认识

对劳动力转移就业扶贫工程的认识程度可以从精准扶贫的两类主体即政府和农民进行考察。追高来村两委对劳动力转移就业工程的认识程度是比较深刻的，村两委积极参加县里举办的各类有关扶贫开发工程的会议，积极学习上级政府的思想和要求，采用宣传板、入户告知等方式对本村村民进行通告。值得一提的是，追高来村在进行精准扶贫宣传时，以当地特色的苗歌、苗鼓为载体，将中共中央扶贫精神和具体工程与地方文化融合，承载着扶贫精神的苗歌在村民中口口相传，一定程度上增强了村民对扶贫工程的认识。可见，村两委对于扶贫工程的认识是明确且深刻的。追高来村村委会副主任说道，"劳动力转移就业在追高来村是直接、有效的扶贫手段"。

既然政府对劳动力转移就业工程的认识明确，宣传手段和落实措施到位，那么农民对劳动力转移就业工程认识程度低的现象应从农民自身加以讨论。影响农民认识的原因可归结于以下两点：一是部分已经在外务工的农民只有在节假日时期才会回到村中，对村中各类政策的实施和落实并不清楚；二是部分村民主动就业的积极性不高，成了"等靠要"的群体。

针对以上问题，加强农民对劳动力转移就业扶贫工程的认识是必要的。加强农民认识，一是要保持村两委原有作风，在对政策进行解读的基础上，将其准确地传达给农民，并加大宣传力度，鼓励部分已经成功转移就业的村民向其他村民分享其成功经验和曾遭遇的各种困境，以便让村民了解盲目就业的弊端，以村民内部的良性互动来增强村民的认识。二是要充分发挥家庭的作用，对于暂时外出的富余劳动力群体，村干部可以通过其家人进行传达，强调劳动力技能培训的重要性及适用性，避免有需求的农民错失良机。三是要在思想观念层面做好关于脱贫工程的动员。要实现贫困户的脱贫还要从贫困户本身出发，以消极的"等靠要"思想来生活是永远不能脱贫的。做好精准扶贫的思想动员是十分必要的，它能够提高贫困户战胜贫困的决心和信心，为今后的脱贫工程打下良好的基础。

二 健全劳动力转移就业培训机制

面对追高来村劳动力转移就业培训体系中存在的弊端，政府应从健全劳动力转移就业的培训机制入手，具体建议包括以下三个方面：简化培训工作流程、构建较为系统且长效的培训机制、提高职业教育水平。

首先，简化培训工作流程。政府不同于市场，在资源配置中不以利益为导向，与之相对的则是计划性为主的工作，此类工作往往需要大量的行政手续，从而导致工作效率、工作质量偏低。在劳动力转移就业扶贫工程中，贫困户申请职业技术培训也需要逐级申请。据了解，追高来村实际参加劳动力转移就业培训的人并不多，行政手续的冗长加上对于政府政策认识的模糊，成为农民参加劳动力技术培训的拦路虎。所以，简化行政手续可以让有需求的贫困户及时享受专业技术培训，早日上岗达到脱贫，它是保障劳动力转移就业工程实施的重要措施。值得一提的是，凤凰县在推行劳动力转移就业工程时，其中一个专项就是建设公共就业服务体系，主要内容包括劳动力资源数据库及基层人社服务平台标准化建设。此项目的实施有助于政府行政手续的简化，有需求的农民可以直接去附近的人社服务中心登记，减少因地域因素而造成的时间浪费。

其次，构建较为系统且长效的培训机制。培训的本意在于提高农村剩余劳动力的职业技能，使其熟练掌握一门技能参与就业，然而在诸多主观、客观因素的影响下，农村劳动力转移培训的实际状况并不理想。劳动力转移就业培训并不是满足政府客观指标的一个工具，而是帮助专业技术匮乏的劳动力获取技术的手段，在此前提下，构建系统且长效的培训机制便显得十分重要。凤凰县推行的技能培训工作流程基本健全，包括报名、筛选、培训、考核、后续服务五个部分，而流程背后的运行机制却并不健全。农村劳动力转移就业机制体系应由激励机制、投入机制、协调机制、监管机制、信息机制和就业服务机制等构成。[①] 举例来讲，"培训 + 就业"就是一种直接的激励机制，学员在了解不同岗位以及其所对应的职业技能标准之后就开始有目的性地学习，满足上岗所需要的条件后在相应的单位直接上岗，此举不仅提高了农民的整体素质，还激发了农民参与学习、培训的积极性，这是短期、缺乏系统化的培训所不能达到的。

最后，提高职业教育水平。通过职高、职业技能学校等平台对贫困群体及他们的子女进行文化普及和技能、技术专业培训，使其在一定时期内掌握一门就业技术和技能，适应当前的劳动力市场，实现就业。职业教育尤其是针对初中、高中毕业未能继续升入大学或中专院校就读的"两后生"来说是十分重要的。提高职业教育水平，政府首先要加大政策宣传，让社会正确认识职业教育的重要性。其次，要加强职业教育各环节的资金投入，保证教学设施和教学师资。最后，专业设置要具有市场导向性，紧

① 易俗、田杰:《农业劳动力转移理论及就业培训机制研究》,《安徽农业科学》2009 年第 34 期。

扣当前劳动力市场的需求，使培养出的技术人才能够实现稳定就业。

三　促进劳动力就地就近就业

要缓解追高来村在劳动力转移过程中出现的留守现象，应充分利用政府资源，积极促进劳动力就地就近就业，鼓励劳动力在腊尔山镇、凤凰县等离家较近的地方就业。

首先，促进劳动力就地就近就业，政府应起主导作用。一是政府应完善城乡一体化的人力资源服务体系。建立完善的就业信息服务网络，运用现代化信息技术将劳动力资源和企业资源进行对接，减少信息不对称带来的资源浪费。二是进一步完善社会保障体系，有效保障劳动者的权益。从抽样调查数据来看，追高来村外出务工人员的劳动保障较为匮乏，参与职工医疗保险的人数占 62.7%，参与职工养老保险的人数占 68.85%，参与工伤保险的人数占 19.8%，而失业保险、生育保险、住房公积金的参保人数均不足 7%。促进稳定就业，让劳动力"进得去，稳得住"是当前政府亟须完成的工作。三是要调整产业结构，促进当地经济发展。政府应选择有利于扩大就业的经济发展方式，扩大第三产业的比重，适当提高部分福利待遇，广泛吸纳本地农民工就地就近就业。

其次，政府要鼓励青年劳动力返乡创业。青年劳动力往往有在大城市打工的经历，相比老一辈而言更加适合返乡创业，且更加积极主动。政府应加大对返乡创业者的扶持力度，鼓励劳动者积极利用政府、市场等各种有利条件实现创业。在此过程中，政府应因地制宜，组织符合当地特色的创业培训；为创业者提供小额担保贷款满足其创业前期的资金需要；组织有经验的创业者开展一系列的创业知识讲座；在城镇中设置创业孵化园区，提供适宜的创业环境；简化过于繁杂的行政手续，为创业者打开大门。

四 加强农业产业化建设，奠基劳动力转移

农业产业化经营是农村富余劳动力转移的先决条件。要实现一、二、三产业的良性发展，必须着重提高农业产业化水平。农业只有实现了产业化经营，才能给其他产业发展提供更加坚强的后盾，而且农村的产业化发展也会产生更多的农村富余劳动力，加快城镇化进程，促进农村劳动力就近就地就业。[1] 可以说，农业产业化经营是富余劳动力转移的基础，如若农业没有得到完全发展，劳动力转移会在某种程度上对农业发展造成危害。值得注意的是，在此强调的劳动力转移是富余劳动力的转移，然而一些地区所转移的劳动力并非富余劳动力，且转移后原有土地废弃，进一步加深了对农业的危害。

首先，在进行农业产业化建设时，要做好土地流转工作。经营规模小、碎片化是影响农业产业化发展的重要问

---

[1] 李巧玲：《国外农村劳动力转移理论及实践》，《世界农业》2014 年第 12 期。

题之一，同时，不少农民在进行劳动力转移之后并没有真正地融入城镇，形成"离农"却没有"离地"，"进城"却没有"弃地"，土地"弃耕"却没有发生有效流转的局面，导致人地关系扭曲和人地矛盾固化。[①] 从抽样调查的数据来看，追高来村有 20% 左右的土地处于弃耕状态，其中23.2% 的灌溉耕地、11.8% 的旱地、18.8% 的林地处于无人经营的状态，此部分土地遭到荒废。针对上述情况，政府应深化土地改革，促进土地有效流转，将无人耕种的土地集中起来，进行系统化、规模化经营。针对年纪较高的转移就业人口要以思想工作为主，"无地"并不意味着"无保障"；针对年纪较轻的转移就业人口要从政策法规入手，通过完善法律法规，消除上文中所提及的"随意种植就可以获得农业补贴"的投机行为，建立土地流转服务平台，使土地有效地集中在农业大户手中，促进农业规模化、产业化发展。

其次，农业产业化经营要注重发展品牌效益。在精准扶贫十大工程中，各个工程并不是独立存在的，它们处于相互影响、相互促进的关系之中，农业产业化发展能在一定程度上为劳动力转移就业提供支持。在农业产业化发展过程中，提高农产品的品牌效应，不但能提高农产品的价值，为当地农民增收，而且可以吸引一定的劳动力就业，使本地农民就地就近就业。应找到适合自己村庄的产品，做到"一村一品"。所谓"一村一品"，即在一定范围内，

---

① 钟文晶、罗必良：《禀赋效应、产权强度与农地流转抑制——基于广东省的实证分析》，《农业经济问题》2013 年第 3 期，第 6~16 页。

按照市场需求，充分发挥本地资源优势、传统优势和区位优势，通过规模化、标准化的建设，使村庄拥有一个或多个市场潜力大、区域特色明显、附加值高的产品。

追高来村在农业产业化发展中，出现以市场为导向，以经济效益为中心，以主导产品为重点，从传统农业向现代化农业转变的趋势。追高来村拥有独特的区位条件，政府对当地进行考察后，推行了优质稻种植项目。在追高来村村两委和村民不断的努力和尝试下，找到了适合追高来村种植的优质稻，优质稻的收购价格比原有水稻的收购价格提高了一倍，获得了阶段性胜利。同时，在阶段性探索成功之后，追高来村两委表示要继续加大力度来经营优质稻，形成腊尔山镇独有的大米品牌。追高来村两委认为，市场运作、市场营销、品牌宣传、电子商务都是优质稻未来产业化的发展方向。随着农业产业化的发展，我们可以预见，越来越多的村民会选择在追高来村就近就地发展产业，这不但降低了他们的生活花销，而且使他们拥有更多的时间留在家人身边，减少了留守现象的发生。

第六章

追高来村教育扶贫实践

第一节 "因教致贫"的诱因

一 追高来村教育简况

2017 年 9 月之前，追高来村有一个教学点。追高来教学点始建于 1972 年，距离腊尔山镇中心 1.2 公里。学校占地面积 3800 平方米，建筑面积 140 平方米。学校依山傍水，校园环境优美，树木葱郁，丹桂飘香，目前，校园三化（美化、绿化、硬化）已经初步完成。学校布局较为合理，有清晰的教学区和活动区。现有教师 2 人，负责语文、数学、美术、音乐等全科教学。有义务教育阶段学生

21 人，一年级学生 12 人，二年级学生 9 人；有学龄前儿童 43 人。[①] 在国家进行教育布局调整的大背景下，追高来村教学点于 2017 年 9 月被撤并，当前在追高来村只保留学前教育。

二　农村家庭的脆弱性因素分析

课题组在追高来村所做的调查问卷统计分析显示，在该村调查的 38 户建档立卡户中，有 9 户是"因教致贫"，占比高达 23.68%，在所有致贫原因中占比最高。"因教致贫"已经成为当前追高来村最主要的致贫原因。[②] "因教致贫"现象背后实际上隐藏着农村家庭尤其是贫困家庭脆弱性程度高、缺少应对各种外界扰动和冲击的方法的深层次问题。正是农村家庭经济资本、社会资本的脆弱性、对变动的高敏感性、抗风险能力较差，即家庭的较高脆弱性，导致了"因教致贫"问题的产生。

（一）经济资本的脆弱性

"因教致贫"问题首先是一个经济问题，无论其产生的原因有多么复杂，经济基础都是第一位的。农村家庭尤其是贫困家庭经济资本的脆弱性首先体现为家庭经济收入低且具有不稳定性。课题组在追高来村所做的调查问卷统

---

① 腊尔山镇政府:《腊尔山镇镇情》(内部资料)，2017 年 2 月 10 日。
② 数据来源于"精准扶贫精准脱贫百村调研"追高来村课题组在追高来村所做的住户问卷调查。

计分析显示，无论是贫困户还是非贫困户，其收入水平均不高，非贫困户的家庭人均纯收入也只有 10744 元，贫困户的家庭人均纯收入仅为 9649 元。从家庭收入构成看，贫困户家庭人均纯收入中，人均工资性收入占 54.1%；非贫困户的家庭人均纯收入中，人均工资性收入占 70.8%。[①]即无论是对于贫困户还是非贫困户，工资性收入都是他们收入的最主要来源。课题组成员通过对当地村民的访谈了解到，追高来村和全国很多的农村一样，绝大多数农户都已形成"以代际分工为基础的半工半耕家计模式。在这种模式下，家庭中年龄相对较大的父母在家务农，劳动力充沛的青年子女外出务工"。[②]而且该村的大多数青壮年外出就业主要是非正规就业，大多数是临时工、季节工、劳务工。也就是说，他们大多数从事的是稳定性较差的工作，因此他们的外出务工收入具有很大的不确定性、不稳定性。很有可能上一个月赚到几千块，下一个月却失去工作。除了工资性收入，农业经营收入也具有很大的不稳定性。农业生产受到自然条件的影响较大，风调雨顺时，村民的收入可能会比较乐观；一旦遭遇自然灾害，其收入就没有了保障，直接影响村民生活，增加其陷入贫困的可能性。此外，农村家庭经济资本的脆弱性还体现在收入渠道窄，收入来源较为单一。从对被调查的追高来村村民的家庭经济收入情况的统计分析来看，工资性收入占比较高，

[①] 数据来源于"精准扶贫精准脱贫百村调研"追高来村课题组在追高来村所做的住户问卷调查的统计分析。

[②] 夏柱智、贺雪峰:《半工半耕与中国渐进城镇化模式》,《中国社会科学》2017年第 12 期。

而经营性收入和财产性收入占比较低，收入渠道相对狭窄。经济收入的不稳定性与收入渠道较窄，致使农村家庭经济资本的脆弱性较高，在教育费用和求学成本不断上升的情况下，家庭的经济压力不断增大。

（二）对收入和支出变化的较高敏感性

所谓的敏感性是指外界扰动施加在家庭上所导致的家庭经济状况的变化。[①] 为了进一步优化教育资源配置，提高教育与教学质量，缩小城乡教育差距，凤凰县进一步加大了教育布局调整的步伐，撤并人数在50人以下的农村教学点。追高来教学点在2017年9月份被撤并，当前只保留了学前教育。当地小学和初中阶段学生需要到腊尔山镇就读，到了高中阶段需要到凤凰县城就读。实行集中办学后，农村家庭学生寄宿的比例越来越高，寄宿产生了一定的交通费、伙食费，同时部分学生因年纪较小，缺乏自理能力，家长就会在城镇租房子，专门陪孩子上学。这样一来，就耗费了家庭的劳动力，减少了家庭的经济收入，增加了家庭的经济支出。当前，在追高来村大部分农业生产都是自产自销，家庭消费中实物消费占很大比重，而寄宿制使得学生的生活费用由直接的实物支出，转变为刚性化的货币支出，从而使得农村家庭教育的显性成本与隐性成本急剧增加，加重了家庭的经济负担。

---

① 谭学兰：《农村"因学致贫"的形成机理与政策建议》，兰州大学硕士学位论文，2014。

（三）社会资本的脆弱性

社会资本是农户为了实施生计策略而利用的社会网络，包括加入的社区组织以及个人构建的社会网络。[1] 通过对追高来村村民的访谈，我们了解到，大多数村民交往的对象主要是同质性较强的亲属和邻里，并且他们的社会交往圈比较狭窄。而社会资本的强弱又直接关系到农村家庭学生毕业后的就业问题。有研究表明，社会资本对于职业地位的获得具有重大的作用。[2] 在人才市场供需比重及高校就业政策发生变化的状况下，人力资本与社会资本在大学生就业环节中的作用不断加大。[3] 人力资本和社会资本已经成为影响就业及其质量的两大因素。[4] 在高等教育扩招、国家经济结构和各层次劳动力需求结构的失衡所导致的就业困难的大背景下，农村学生及家庭由于缺乏必要的社会资本，人际关系网络狭窄，在求职过程中可借助的资源较为匮乏，进一步增加了他们的就业难度，就业质量也难以保证。部分农村家庭为了让孩子通过教育改变命运，节衣缩食，甚至是负债累累，但到头来几十年的教育投资，却很难得到预期的收益，不仅在短期内无法偿还因教育投入而产生的债务，更难以实现命运的改变，从而造成了家庭的长期贫困。

---

① 李小云等：《农户脆弱性分析方法及其本土化应用》，《中国农村经济》2007年第4期。

② 陈成文、谭日辉：《社会资本与大学生就业关系研究》，《高等教育研究》2004年第4期。

③ 文宏、谭学兰：《农村家庭"因教致贫"现象解读与政策建议——基于脆弱性理论视角》，《西北农林科技大学》（社会科学版）2015年第2期。

④ 曾湘泉：《"双转型"背景下的就业能力提升战略研究》，中国人民大学出版社，2010，第212页。

三　脆弱性的根源：结构、制度与政策

（一）结构性因素

这里的结构性因素主要是指城乡二元教育结构。当前，我国中小学阶段的优质教育资源更多地集中于城市。近年来，虽然凤凰县政府逐步加大了对农村地区包括追高来村的教育投入力度，加快了对农村地区基础教育设施的建设，但城乡之间的教育差距依然很大。凤凰县城的学校一般具有较好的硬件设施：如网络化教学、多媒体教育、体育器械等，并且这些学校的图书馆拥有更多的藏书，学校食堂的伙食和卫生条件也比农村地区的好。而在被撤并前的追高来教学点，学校的配套设施与县城学校存在明显差距，虽然设有图书馆和阅览室，但是馆内藏书大多是一些社会爱心人士捐赠的二手图书，并且数量较少。并且教学点的教学用具普遍不足，缺乏文体器材及必要的实验设备，教学设施更新缓慢，信息化教育尚未起步，学生难以享受教育现代化的成果。在城乡教育差距如此显著的情况下，一些家庭为了让子女得到更优质的教育资源，不惜举债将孩子送到城镇学校、重点学校，甚至还参加各类额外的辅导班，进而增加了家庭的经济支出，加重了经济资本的脆弱性。

（二）制度与政策性因素

当前我国实施的部分社会保障措施仍停留在特惠型而

非普惠型层次，虽然有农村最低生活保障、新型农村合作医疗等社保制度，这些制度也都有比较好的理念，符合农民的实际需求，但是在实际操作过程中仍然存在发达地区农村先试点、先实施和先受益，贫困地区农村因为财力有限等各种因素制约，而实施较晚和收益较晚，以及并非所有人都能受益等问题，社会安全网并未发挥其应有的所有作用。[①] 由于社会保障制度的不完善，村民在实现自我经济发展时，大多依靠自给或者非正式的社会安全网，这致使农村家庭在面对外界扰动时更加脆弱，更容易陷入贫困。例如当前的就业保障制度就未能针对农村大学生就业难的问题发挥其应有的作用，由于就业得不到保障，进一步加重了农村家庭的脆弱性。此外，在城乡二元的社会结构中，农村社会政策处于弱势地位，并在政策建构的过程中，逐步深化了这一角色——是附庸于经济政策之上的衍生品、城市政策之外的附加物。[②] 农村社会政策无论是在体系发展、体制管理等方面都与城市政策存在较大差距。在政策制定过程中，作为政策主体的农民其社会参与程度较低。在政策理念上，我国农村社会政策属于嵌套于"下游干预"的应急型社会政策格局，并未摆脱经济政策的长期束缚。[③] 而且，目前的农村社会政策作用也非常有限，保障水平较低，导致村民在面临风险时抵御能力较差，脆弱性较高。

---

① 钟玲、左停：《制度、政策与穷人的脆弱性》，《经济研究参考》2012年第38期。
② 韩央迪、张凯瑞：《我国农村社会政策最新研究述评》，《人口与经济》2010年第5期。
③ 赵慧珠：《中国农村社会政策的演进及问题》，《东岳论丛》2007年第1期。

第二节　以"教育扶贫"消解脆弱性，规避"因教致贫"

教育扶贫的实质是通过改变贫困人口的素质，斩断贫困的恶性循环，阻隔贫困的代际传递，其基本目标就是解决因贫失学和"因教致贫"的问题，让贫困家庭的子女能够"上得起""上好学""多上学""就好业"。教育扶贫对解决因上学、完成学业给家庭及学生带来的经济困难导致的贫困问题具有至关重要的作用，它可以从多个方面降低农村家庭尤其是贫困家庭的脆弱性程度，提高其抵御风险的能力，帮助其走出"因教致贫"的困境。追高来村具体的教育扶贫工作主要是在凤凰县政府出台的《凤凰县教育发展脱贫工程实施方案》《凤凰县贫困学生资助全覆盖资金管理办法》等一系列文件的指导下进行的。追高来村执行的各项教育扶贫政策均是在中央、湖南省、湘西土家族苗族自治州及凤凰县统一制定的教育扶贫政策框架下，在凤凰县、腊尔山镇统一部署下，根据追高来村的实际情况实施的，其具体工作安排与腊尔山镇和凤凰县教育扶贫工作同步。

一　实施贫困生资助全覆盖，消解因家庭经济资本的脆弱性导致的"因教致贫"问题

为了确保不让每一个学生因家庭经济困难而失学，让贫困家庭的子女"上得起""多上学"，2017 年凤凰县进一

步优化了贫困学生资助政策体系，对贫困生实施全省最高标准的资助政策，对学前至高中阶段的建档立卡户、城乡低保户、孤儿（含事实孤儿）、残疾学生（含残疾家庭子女）实施免费教育；另一方面有针对性地在各教育阶段对贫困家庭进行教育补助。按照"学前 100 元、小学 1500 元、中学 200 元、中职 2500 元"的标准给予生活补贴，自 2017 年秋季学期开始，将 1~2 年级建档立卡贫困生的生活补贴标准提高到每年每生 3000 元；对贫困大学新生按专科每人 4000 元，本科每人 6000 元标准给予一次性资金补助；对特困大学新生按照省外 1000 元，省内 500 元标准给予入学路费补贴；从 2017 年秋季起，对本县户籍财政供养特困大学生，按本科（含预科）6000 元 / 人·年、专科（含高职）4000 元 / 人·年标准补助，连年救助，直至大学毕业。

从 2017 年秋季起，凤凰县进一步扩大了教育扶贫的覆盖面，加大教育扶贫的帮扶力度，免除了农村户籍、孤儿（含事实孤儿）、残疾学生（含残疾家庭子女）在县内义务教育阶段就读的作业本费、教辅资料费，以及在县内高中阶段就读的学费、教科书费、教辅费、住宿费、作业本费、高一新生体检费等费用。此外，凤凰县进一步建立和完善了对贫困家庭的风险补偿机制，实行了大学生生源地信用助学贷款政策（本县户籍，家庭经济困难的全日制普通高校在校生，本、专科不超过 8000 元 / 年，研究生不超过 12000 元 / 年），以减轻非义务教育阶段的教育费用给贫困家庭带来的经济负担。当然，追高来村贫困家庭的各学龄段学生均享受上述资助政策。

课题组成员通过对追高来教学点的龙校长的访谈，进一步了解到了追高来教学点贫困家庭子女接受资助的情况：追高来教学点的 40 名贫困户家庭的孩子（除了有 4 名同学因户口问题未享受到资助）享受到了上述教育资助政策，其中有 5 名学生在接受政府资助的基础上，还在接受"蒲公英助学"团体的资助，另外 4 名没有户口的贫困学生也接受了其他社会爱心人士的资助，该资助以跟踪持续的方式进行，一直资助到该名同学不继续读书为止，资助金额从小学到初中、高中、大学分别是每学期 400 元、500 元、1000 元、2000 元。

当前在追高来村还存在数量较多的多子女家庭，这些家庭中虽然有些目前是非贫困户，但他们的经济脆弱性较高，且因为多个子女都上学，家庭教育支出大幅增长，家庭出现"因教致贫"的风险变大。而凤凰县 15 年免费教育政策的实施，不仅解决了贫困家庭子女的上学问题，还能够减少那些脆弱性较高的家庭未来陷入"因教致贫"的可能性，可以看出该政策具有较强的前瞻性，可以从源头上消解义务教育阶段的"因教致贫"问题。此外，凤凰县对特困大学生的连年救助政策，有效地减少了农村家庭在非义务教育阶段的"因教致贫"问题。综观上述资助政策以及各项教育费用减免政策，它们一方面解决了农村家庭学生因经济贫困上不起学的问题，增加了贫困学生受教育机会；另一方面降低了教育给农村家庭尤其是贫困家庭带来的经济风险以及他们对教育支出变化的敏感性，提高了他们对教育费用支出上涨的承受能力，从源头上消解农村家庭因经济资本脆弱性引发的"因教致贫"。

二 调整教育布局，破解脆弱性背后的结构性因素

在城乡二元社会结构下，城乡学校之间存在着巨大的不平衡，部分贫困家庭的子女在解决了上学难的问题后并没有获得平等的教育机会。为了改善这一状况，提高教育资源的使用效益，让更多的学生享受优质、平等的教育，帮助贫困学生实现从"有学上"到"上好学"的转变，凤凰县加快了教育布局调整的步伐，进一步推进50人以下的村级教学点的撤并工作。2017年9月，追高来村教学点被撤并，该村的适龄儿童都集中到腊尔山镇接受小学和初中教育。撤并校之后，一方面教学规模扩大了；另一方面，学校的师资力量和硬件设施配备也更加完备合理。追高来村的少年儿童享受到了更加优质的教育资源。

对于追高来村教学点的撤并问题，追高来村村民的态度经历了一个由拒绝、担忧到赞同、支持的转变。访谈中一位村民对我们讲道："学校撤并后，新的学校离家里太远了，孩子年纪又太小了，让他自己去上学我们肯定不放心，但家里又实在没有人能够每天接送她上下学，所以村小没有了，对我们来说实在是太不方便了。"后来，村干部们耐心地对村民进行劝导，向他们讲述集中办学的优势，大部分家长对教育布局调整转变了态度，认识到调整布局后孩子可以到一个学习氛围更好、师资力量更强、教育

资源更优质的学校去读书，从长远来看，对孩子未来的考学和发展都大有益处。为了解决集中办学后产生的额外教育费用（住宿费、交通费、伙食费等）给农村地区家庭带来的经济负担，2017 年秋季起凤凰县进一步提高了对各年龄段学生的补贴标准，确保农村家庭的学生在享受同等优质教育资源的同时，不因教育费用上涨而产生"因教致贫"问题。

三　抓职教拓渠道，让贫困家庭子女"就好业"，减少因家庭社会资本的脆弱性引发的"因教致贫"

教育扶贫的目标不仅仅是让贫困家庭的孩子能够上得起学、上好学，更重要的是让他们能够在未来的就业和职业发展中，拥有平等的机会，可以更顺利地就业，以增加家庭的经济收入，帮助个人及其家庭摆脱贫困的状况。为此，凤凰县按照"培养一名学生，致富一个家庭"的理念，在做大做强职业中专学校的过程中，积极探索创新"校企联合、产教融合"的办学模式，实施"半工半读"和"订单培育"的人才培养方式，紧密结合当地经济发展实际及人才需求状况，在中职学校形成了以旅游、工艺美术等专业为主，服装设计、计算机应用等专业为辅的专业构架，帮助贫困家庭的学生接受职业技能培训，不断提高他们的就业技能，以便提高他们的就业竞争力。

为了进一步拓展毕业生就业渠道空间，凤凰县职业中专学校先后与凤凰古城公司、张家界冯氏旅游发展有限公司、上海昌硕科技有限公司、厦门蒙发利科技有限公司等多家企业签订联合办学及就业协议，由县职业中专学校负责培养人才，学生毕业后，可直接走上签约企业提供的就业岗位。

此外，凤凰县还实行了建档立卡贫困学生中职培养单列计划。在职中设立幼师班和医护班，专门招收全县建档立卡户子女，经毕业考核合格后，政府按临时用工统一安排他们到乡镇公办幼儿园和乡镇中心卫生院就业。职业教育的发展以及中职培养单列计划的实施，弥补了农村家庭社会资本的匮乏，消解了农村家庭因社会资本的脆弱性导致的子女就业难问题，确保了农村家庭学生的顺利就业，降低了"因教致贫"的发生概率。

第三节 结论与建议

一 结论

当前"因教致贫"已经成为追高来村最主要的致贫原因。正如以往研究所证实的那样，"因教致贫"现象背后隐匿着农村家庭脆弱性程度高、缺少应对各种外界扰动和冲击的能力的深层次原因。同样地，在追高来村，村民经济资本的脆弱性、社会资本的脆弱性以及对收入和支出变化的高敏感性，即较高的脆弱性成为"因教致贫"问题产生的主要缘由，而这一系列脆弱性又根源于结构性、制度与政策性因素的掣肘。从脆弱性理论视角来审视当前追高来村"因教致贫"与"教育扶贫"问题，可以发现，当前在追高来村实施的一系列教育扶贫的具体措施，有针对性地减少了农村家庭"因教致贫"的发生概率。例如对贫困学生的一系列教育资助政策以及各项教育费用减免政策，减轻了贫困家庭因教育费用支出增加所带来经济压力，在一定程度上可以减少由于家庭经济资本的脆弱性而陷入贫困的可能性，即减少"因教致贫"的风险；建档立卡贫困学生中职培养单列计划的实施，也可以缓解农村家庭由于社会资本脆弱性等原因导致的子女就业难、就业质量差、工资低等问题，从另一个方面消解"因教致贫"风险。

"因教致贫"问题的形成是一个动态的过程，从子女接受教育那一刻起，直到教育结束，整个过程中任何时刻都可能产生贫困。对于那些已经摆脱贫困的人口来说，脱贫也并不意味着永久性摆脱贫困，他们也很有可能因为子女的上学问题、毕业后的就业问题等多种因素而重返贫困状态。即使对于目前并不贫困的人群而言，在将来也可能因为子女上学问题而陷入贫困。而脆弱性虽然是对家庭状态的一种描述，但它也具有不确定性，即对于各种冲击发生的可能、发生的时间和程度以及冲击的结果等都是推测。脆弱性实际上是一个前瞻性的概念，它着眼于未来可能出现的各种冲击，结合家庭应对冲击的能力做出预测，是一种防患于未然的思维起点。①

① 韩峥：《脆弱性与农村贫困》，《农业经济问题》2004年第10期。

借助脆弱性理论研究"因教致贫"问题有助于深刻分析"因教致贫"问题的成因及今后的发展变化趋势，能够动态地考察贫困，促使政府制订出具有动态性和前瞻性的教育扶贫政策，使教育扶贫资金得到更有效的配置和利用，让教育扶贫政策起到更好的效果。这对于传统的事后性贫困研究来说，不失为一种有效的补充。

二　对策建议

从脆弱性理论视角来审视当前追高来村"因教致贫"与"教育扶贫"问题，可以发现，正是农村家庭较高的脆弱性，导致了"因教致贫"风险的加大。因此，要消除"因教致贫"，一方面要实施有针对性的教育扶贫政策，另一方面要采取措施降低农村家庭的脆弱性。具体来说，第一，要继续加大对农村地区的教育投入力度，合理配置城乡教育资源，力争让农村地区的学生在不增加教育成本的基础上享受到优质的教育资源。同时还要进一步完善教育资助体系，建立起对农村地区家庭尤其是贫困家庭的风险补偿机制，健全助学贷款等对贫困学生的帮扶制度，扩大贫困学生获得教育支持的途径和渠道，切实减轻农村家庭尤其是贫困家庭的教育负担，以消灭或减少"因教致贫"的风险。

第二，要进一步建立健全针对农村大学生的就业帮扶体系、建立专项的就业援助制度、推进就业体制创新，以解决由高等教育扩招、国家经济结构和各层次劳动力需求结构的失衡所导致的大学生就业难问题。完善各种激励、扶持农村大学生创业的政策措施，提高人力资本在大学生就业中的激励作用，减少由于社会资本脆弱性所引发的"因教致贫"问题。

第三，教育扶贫措施的制订和实施还需要在整体精准扶贫政策的关照下展开，教育扶贫要与其他领域的扶贫紧密结合，以此降低农村家庭经济资本的脆弱性。当前农村地区经济的落后导致很多家庭缺少稳定的收入，进而引发"因教致贫"问题，而教育的落后又会阻碍当地的经济发展。因此，要从根本上解决"因教致贫"就需要将"教育扶贫"与"产业扶贫"等扶贫措施结合起来，建立"教育－经济"互利共生机制。[①]互利共生指的是教育与经济二者各自以对方的产出结果为自己的生产投入进行再生产，相互制约，相互促进，进而实现共同生存和发展。通过建立教育与经济的互利共生机制，大力促进农村地区的经济发展，增加农民的经济收入，提高他们对教育布局调整、教育费用上涨等外界变动的抵御能力，扭转教育与经济之间的不良互动模式，降低贫困家庭经济资本的脆弱性，减少"因教致贫"问题。

第四，为了进一步降低农村家庭经济资本的脆弱性以及对收入与支出变动的高敏感性，可以基于目前的脱贫攻坚与乡村振兴战略，进一步扶持农村、农业和农民，多举

---

① 田晓红、李涛：《民族地区"教育致贫"发生机制与"教育治贫"对策——基于三个民族地区的对比研究》，《中南民族大学学报》（人文社会科学版）2011年第6期。

措多途径提高村民的有效增收能力，并加强农村生产风险防范和保险体系等建设，从而降低农村家庭的脆弱性，进而消除"因教致贫"的发生。此外，要进一步推动农村信息化建设，扩大村民社会关系网络规模，引导村民注重社会资本的积累和培育。通过鼓励村民积极参与社区内外各个层面的社会活动，扩大其社会关系网络，以此降低家庭社会资本的脆弱性。

第五，脆弱性理论动态性特征提示我们，在一个给定的时间段内，除了可观测到的贫困人口之外，还可能有更多潜在的贫困人群。因此从脆弱性角度考察"因教致贫"问题，要求教育扶贫政策更具有前瞻性，不仅要关注那些已经陷入"因教致贫"困境的家庭，还要关注现在不贫困但是脆弱性较高的家庭，也就是潜在贫困家庭，针对他们的实际需求，采取相应的措施，建立相应的风险预警机制，降低家庭的脆弱性程度，避免其陷入"因教致贫"的困境。

第七章

追高来村易地扶贫搬迁实践

第一节　追高来村易地搬迁扶贫实况

一　凤凰县易地搬迁相关政策

追高来村共有符合条件的易地扶贫搬迁 4 户，共计 15 人，其搬迁类型属于其他类型建档立卡户搬迁（即居住条件差、危房或者无房户，有意愿搬迁的建档立卡户，可通过在县城自行购买商品房安置或在集镇集中安置），除其中一户（5 人）自购房屋（商品房）外，其余 3 户（10 人）均为政府统建楼房。除自购房屋的搬迁户在县城安置外，其余三户均统一安置在腊尔山镇安置点。目前，追高来村的易地搬迁户均已于 2016 年全部搬迁完毕，其补助、奖励标准也已按相关政策得以落实。

凤凰县易地扶贫搬迁的类型如下：地质灾害、饮水困难、少田少土、基础设施条件差、纳入旅游产业规划、生态搬迁和其他建档立卡户搬迁。易地扶贫搬迁的具体补助标准为：由政府集中安置实行统一建房，建档立卡贫困户人均自筹 2000 元，其他资金由政府兜底；如不经由政府统一安置而选择在县城内自购商品房的，补助标准为人均 3.5 万元；此外，实行易地扶贫搬迁的，其原有旧房拆除及原宅基地退出者，统一实行每平方米 100 元的奖励标准（按建筑面积算，附属房须无条件拆除）。

值得注意的是，凤凰县在具体实施易地扶贫搬迁政策时，结合实际，制定了《凤凰县易地搬迁项目实施办法》，对易地扶贫搬迁对象范围做了具有凤凰县特点的具体化的规定。一是地质灾害隐患点，指的是工程治理难度大、效益差、安全隐患较大，经国土资源部门认定必须整体搬迁的村寨；其他可通过工程措施治理的隐患点，有搬迁意愿的建档立卡户，也可以申请搬迁。二是饮水困难的村寨，指的是当地无稳定饮用水源，管网铺设投入成本大，连续干旱 50 天以上，人畜饮水困难、需要整体搬迁的自然村寨。三是少田少土的村寨，指的是人均耕地不足 0.7 亩，不具备生产发展条件的村寨，鼓励整村整寨搬迁。四是基础设施条件差的村寨，指的是居住在深山，距城镇和交通干道较远、基础设施和公共服务设施难以延伸、空心化严重、贫困发生率高、扶贫成本大的贫困村寨，鼓励整村整寨搬迁。五是旅游产业规划村寨，指的是整体已纳入县旅游发展规划的传统村落、乡村旅游景区（点），影响旅游发展，确需整体搬迁的村寨。六是生态搬迁，指的是自然保护区、生态脆弱区、国家地质公园等区域内，需要整体搬迁的农户。七是其他建档立卡户，指的是居住条件差、危房或者无房户，有意愿搬迁的建档立卡户，通过在凤凰县境内购买正规商品房或集镇集中安置点安置。[①] 显然，凤凰县制订的易地扶贫搬迁政策并不只是针对自然条件严酷、生存环境恶劣、发展条件严重欠缺的建档立卡户，还包含了居住条件差、危房或无房户、有意愿搬迁的建档立卡户。也就是说，凤凰县的易地扶贫搬迁政策实质上是对国家和省级层面的一般易地扶贫搬迁政策的拓展，将凤凰县特有的一些贫困特征也纳入这一政策的解决范围之内。

二 同追高来村易地扶贫搬迁户的访谈情况

追高来村接受易地扶贫搬迁的住户，主要是因为无钱翻修现有住房。不少搬迁户表示，其家里虽然兄弟不少，但仍然无法轻易地解决好这一问题。因此，他们选择搬迁至镇上，但搬迁后仍然选择外出打工。

在访谈时，受访户吴某表示目前家里就自己和儿子两人，儿子目前23岁，去浙江打工了，自己也是刚从长沙

① 凤凰县人民政府办公室：《关于印发凤凰县易地搬迁项目实施办法的通知》。

打工归来，主要做装车工作，一个月收入大概 2500 元（包吃住）。姐姐原来在赶集时帮忙卖布，去年（2016 年）不做农活，今年（2017 年）才做。在谈及家族的情况时，吴某说自己目前有 6 个兄弟，2 个姐姐（即兄弟姐妹共计 9 人），均已成年且各自组成家庭。谈到为何选择接受易地扶贫搬迁时，吴某表示因无钱翻修原有住房，所以搬到了镇上，而其他兄弟姐妹都还留在村里。如果要重新修补原有危房，每一层楼需要 4 万元，而按照当时的危房改造政策，政府给的补贴大致只有 1 万多元，最多的一个也不过 3 万元左右。吴某表示，自己是在 2016 年夏天签的易地扶贫搬迁政策同意书，当时危房改造补贴提高的政策尚未出台，因此选择易地扶贫搬迁也是无奈之举。当问到如果可以在这两类政策中选择一个时，吴某表示，如果能自己选择，肯定还是不想搬迁，但主要还是因为修补不起自己的房屋。在问到以后的生计问题时，吴某表示，目前的打算仍是出去打工（去长沙），因为自己小学未毕业，去了其他地方也无法进入工厂，而且在长沙也将继续从事装车一类的活计，对收入的预期也不会超过每月 3000 元。同时，政府在他们完成搬迁之后也只补偿了一定的搬迁款项，尚未有后续的安置措施。

访谈的同时，村干部也向我们介绍了易地扶贫搬迁政策之后出台的危房改造补贴提高的政策，以及其余两家易地扶贫搬迁户的情况。

另两家，一家是因为屋垮了，才选择搬迁，另一家则是因为结婚与父母分家且兄弟众多而无房，所以选择了接受易地扶贫搬迁，但在搬迁之后，也都陆续地出去打工挣钱了。在易地扶贫搬迁具体措施出台之后，政府考虑到符合易地扶贫搬迁条件的村民对于自家原有住宅的保留意愿，出台了为符合条件的住户提供最高 4 万元危房改造补贴的政策供村民选择，使其可自行选择是否接受易地扶贫搬迁。①

这段访谈中，受访者表示出了同搬迁至镇上相比，更倾向于留在原有居住村子的倾向，并且他们即使搬迁到了镇上，也并没有留在镇上生活、工作的想法。这在直觉上同易地扶贫搬迁所应取得的效果略有差异。故需要另一个看待易地扶贫搬迁政策的视角。

图 7-1　去追高来一户建档立卡户问卷访谈

（龙彦亦拍摄，2017 年 2 月）

① 追高来村易地搬迁户的访谈。访谈时间：2017 年 8 月 14 日下午。访谈地点：追高来村。

第二节　追高来村视角下的易地搬迁

一　对易地扶贫搬迁政策的"生计空间"解读视角

传统意义上，"一方水土养不活一方人"这一句话是从特定地区的自然生态环境角度来进行解读的，然而实际情况却可能多种多样，贫困也并非只由自然生态环境恶劣引致。笔者在走访过程中也了解到，追高来村并不是自然生态环境特别恶劣的村庄。因此，追高来村的易地扶贫搬迁便不再是只针对自然生态环境恶劣状况的改善，而是另一个角度的对贫困户的帮扶措施。同时，在访谈过程中笔者也了解到，追高来村的搬迁户接受易地搬迁的原因基本上都是为了弥补修补原有危房或重新盖房所需的支出，这一部分支出往往超出了这些搬迁户的可负担范围，这也使得选择易地搬迁更像是一种无奈之举，其内心更倾向于留在原住地。值得注意的是，这可能不是这一个村子的情况，其他村以及其他地区都可能存在这样一种现象。

因此，笔者认为类似于房屋修补这一类支出可能只是一个客观上的导致搬迁户接受易地扶贫搬迁政策的原因，使得搬迁户的主观意愿同该政策初衷存在差异的，应当是藏在背后的更深的影响因素。为解释这一影响因素，本文将从另一个角度给出一个对易地扶贫搬迁政策背后的逻辑的理论解释。

直观上来看，不愿离开原住地的原因不外乎对故土的眷恋和对新环境难以适应两方面，而这也隐隐指向搬迁对象的生活环境问题。易地搬迁相当于改变了搬迁户的生活环境，即将其从原来的熟悉环境转移至另一个新的生活环境。这同付少平等提出的"生计空间"理论颇有契合之处。付少平等人认为，传统的移民扶贫政策更多关注贫困者生计手段的改善，对于生计手段之外的其他变化却没有给予应有的关注，从而导致了易地扶贫搬迁出现次生贫困与返迁的现象。其研究认为，需要精准识别贫困者在不同的生计空间中的贫困原因，通过经济、政治、社会、文化系统的协调改革为移民创造一个包容了各方面的、可持续的生计空间，而非单纯地试图通过改变地理空间来达到扶贫的目标[①]。

"生计空间"理论实质上是将搬迁户面临的生活环境变化划分为社会环境和生计手段，从社会和经济两个角度对易地搬迁可能导致的问题的成因做了分析。这一划分对于描述清楚这一类规则的变化有着很好的借鉴意义，也给出了较好的政策着力点。结合易地搬迁政策的实际做法来看，"生计空间"理论可理解为搬迁户在新环境中的适应过程分为对社会环境上适应和对生计手段的适应。基于"生计空间"这一视角，不难发现对易地扶贫搬迁政策效果产生影响的，不仅仅是由恶劣的自然环境导致的"一方水土养不活一方人"。

---

① 付少平、赵晓峰：《精准扶贫视角下的移民生计空间再塑造研究》，《南京农业大学学报》(社会科学版) 2015 年第 15 期。

生活环境不仅包括自然生态环境决定的客观生活环境，还包括由人际关系、社会关系所组成的社会生活环境。因此，作为另一个影响生存的重要问题，不熟悉的社会生活环境对于新来的搬迁户可能存在的排斥及其带来的潜在影响，甚至可能造成比恶劣的自然生态环境更坏的结果。因此，搬迁户的生活问题实际上是在一个复合的"生计空间"中展开的，对新安置点的"生计空间"的再塑造，不仅是对其客观生活环境和在此基础上生计手段的再塑造，更是对搬迁户社会生活环境的再塑造。

然而，"生计空间"理论所描述的是新旧两个环境各方面的现状对比，对于二者间联系的分析略显不足。在新旧生活环境中，居民的生活都遵循着一定的规则，而易地搬迁政策改变的实际上是生活环境背后存在的规则，因而解决易地扶贫搬迁可能带来的问题，着力点应当放在新的生活规则的构造上。帮助搬迁户尽快适应新的生活规则，尽可能减少他们在新居住地的不确定性。

二 "生计空间"视角下追高来村易地搬迁的特点

虽然追高来村易地搬迁工程进展相对顺利，且县政府的政策设计也比较全面地覆盖到了一些本县特有的贫困情况，但受访户在访谈中所表现出的潜在的不愿搬迁的意愿，以及对搬迁之后生计的疑虑，都表明这一政策在追高来村的实施情况同该政策的设计初衷存在一定的差异。有必要结合相关理论以及易地扶贫搬迁政策的相关要求来进一步分析追高来村易地扶贫搬迁政策所反映出的一些特点。笔者认为可从易地扶贫搬迁政策"搬得出、稳得住、能致富"三个目标入手，结合"生计空间"中对应的相关视角，对该政策在追高来村的具体实践及特点做出分析。

（一）是否"搬得出"和"稳得住"？

在易地扶贫搬迁三个主要目标中，"搬得出"和"稳得住"相对更侧重于生活环境中非正式规则对搬迁户的影响。即是说，如何适应从原先的社会环境和人际交往规则到新的社会环境和人际交往规则的转变。因此，"搬得出"和"稳得住"更应当注重这一类非正式规则的构建，以及实现新旧环境的顺利过渡。从"生计空间"的角度来看，"稳得住"代表着能够让搬迁户适应的生活空间的形成，从而为下一步"能致富"提供良好的社会环境基础，这一过程具有极其重要的意义。从追高来村的实际情况来看，这几户搬迁户之所以选择接受搬迁，是因为他们基本都无房或无法独自承担危房改造的支出。这一实际情况意味着追高来村在"搬得出"方面存在问题。从政策设计初衷来讲，易地搬迁的"搬得出"不仅要保障愿意搬迁的村民搬迁和安置的条件，更要尽可能保证他们在心理上的自愿。然而，从"生计空间"中的生活空间视角来看，无论搬迁之后如何重建其生活环境，易地搬迁都相当于将搬迁户的原"生计空间"和新居住地的"生计空间"打乱并重新塑造一个"强加"给他们，即使他们最终能融入其中，在融入的过程中也不可避免地会出现一定的抗拒心理，尤其是当搬迁户的亲属朋友都在原居住地时，这点可能会尤为明显。如果无法做到搬迁户的自愿搬迁，那么要在"搬得出"之后进一步实现"稳得住、能致富"的目标，就相对会困难得多。

值得注意的是，追高来村的特殊情况在于该村并非自然生态环境特别恶劣的地区，即在最初便同易地扶贫搬迁政策的初衷存在一定差异。而凤凰县之所以选择在追高来村继续实施易地扶贫搬迁政策，其实质是要通过这一政策解决部分农村居民面临的超出负担能力的住房修建支出问题，这也相当于易地扶贫搬迁政策的一个补充。因此，存在于追高来村搬迁户之中的"搬不出"，实质上同该政策的设计初衷并不存在差异和抵触。也正因如此，在易地扶贫搬迁政策实施之后，凤凰县政府很快又出台了补贴力度更大的危房改造补贴政策，为涉及的贫困村民提供另一个不必离开原住地的选择，从而避免了对生活环境的打乱，也就避免了之后重新融入新环境的问题。追高来村的易地搬迁实践，实质上是从"生计空间"中的生活环境的角度，对扶贫政策尤其是易地搬迁扶贫政策的有效实施给出了另一个探索方向，即通过避免打乱生活空间的安排，给出政策的缓冲带，从而为后续更具针对性的政策的出台和实施提供缓冲和施政基础。

（二）是否"能致富"？

相对前两个目标来讲，"能致富"的不同之处在于，这一目标并不主要依赖搬迁户自身对新环境的融入，而在一定程度上依赖政府的引导和实际政策。从"生计空间"的视角来看，这一目标主要着眼于对"生计手段"的丰富和引导。新的生活环境意味着新的生计手段，而搬迁户可能并不能很好地纯粹依靠自己来完成新生计手段的开发。但这方面与"社会环境"有所不同，后者主要依赖搬迁户自身融入新环境的意愿和选择，政府在其中更类似于一个辅助者，"生计手段"方面则更需要政府来进行主导，根据新安置环境和搬迁户自身的特点，进行"量身定做"。

因此，就易地扶贫搬迁政策而言，并未也不应当对搬迁户的生计手段做出硬性规定，即并不限制其外出务工或留在安置点等待安排或就地经商、务工。从"生计空间"的角度来说，这相当于给予了搬迁户足够的选择搬迁之后"生计空间"的自由度，其可以更好地选择适宜于自己的生计手段。追高来村的具体情况也表明，凤凰县充分尊重了搬迁户的自由，搬迁户仍然有着选择搬迁之后谋生手段的自由，并且在政策上也存在其他生计手段可供备选。因此，易地搬迁在追高来村的实践，在"稳得住"和"能致富"这两个方面，也并不存在差异，甚至相对"搬得出"这一要求来说，这两方面的要求更贴合该政策的设计初衷。

第三节　结论及政策建议

　　易地扶贫搬迁是一项牵扯范围甚广的扶贫政策，其不仅涉及表面上的搬迁、安置问题，还涉及更深层次的搬迁户赖以生活的"生计空间"问题，因此需要不同地区根据自身的贫困特征对易地扶贫搬迁政策进行补充和拓展。在这一点上，凤凰县易地搬迁的政策实践体现出了对自身贫困特点的覆盖。然而，追高来村的易地搬迁案例虽然表现出了一些看似与该政策设计初衷不完全相符的问题，但从"生计空间"的角度来看，这恰恰是对该政策的灵活运用，从而更好地构建了当地搬迁户的生计空间，为后续更具有针对性的政策的实施打下了基础。追高来村的实际情况表明，易地扶贫搬迁政策可以与当地情况恰当结合，一方面根据各地区的实际情况对易地搬迁的可能运用做出适当调整；另一方面也可配套出台其他更具针对性的扶贫政策，准确击中贫困的根源和成因，从而真正实现精准扶贫的目的。

　　首先，就追高来村的实际情况来看，在搬迁以后，搬迁户原先的生活空间从村集体猛然转换到乡镇的社区，原来熟悉的管理模式也发生了变化，农民在村集体中曾经拥有的公共生活的话语权和参与感部分消失了。这有可能会使搬迁户感到被边缘化，在社会适应和融入方面出现问题，从而存在搬迁户在选择留下之后因无法融入新环境而选择回到原居住地务农进而返贫的可能性，影响"能致富"目标的实现,使得这一原本很好的政策的最终效果大打折扣。从这一点来看,如果想要政策收到好的效果,就需要实现"能致富"的最终目标,但这一目标的实现,又依赖于前面两项"搬得出""稳得住"的落实,而要"稳得住"搬迁户,使其不再返回原住地重新务农又是关键所在。

从"生计空间"理论的角度来看,这事实上关系到在原生活环境和新生活环境间生活规则的改变。因此,政策的着力点就应当放在帮助搬迁户顺利适应生活规则的变化上,一方面要做好搬迁户的确认工作和帮助搬迁工作;另一方面也可适当为搬迁户提供多种搬迁选择,从搬迁之初便着手解决其融入新环境时的潜在问题。另外,在搬迁完成之后,政府也应当探索在共同致富过程中提供更多的能帮助搬迁户彼此熟悉、合作的致富方式,从而加速其在新生活环境中的融合,为后续的安置措施和扶持项目的规划打好基础,确保选择留下的搬迁户不会因生计问题而返贫。

其次,扶贫政策不仅要帮助贫困户脱贫,还需要尽可能地选择适合他们的方式来帮助其脱贫。追高来村的实际情况表明,易地扶贫搬迁政策虽然是一项可解决因修房而导致贫困问题的好政策,但因为搬迁户的生活环境因此发生了变化,他们并不是很愿意却不得不接受政策安排。从适合度这一角度来说,值得我们仔细反思相应可行的做法。在易地扶贫搬迁政策之外,政府还可以通过为贫困村民提供修房支出补贴的做法,为其提供能避免生活环境发生大变化的其他备选方案。

从上述对追高来村的具体情况分析可以看出，易地扶贫搬迁政策能否顺利实现其预期目标，关键在于为接受搬迁的居民重新架构适合他们的"生计空间"，并帮助他们尽快适应。作为一个多维的经济、社会和体制的复合概念，单靠改变贫困户的地理空间无法在真正意义上实现生计手段的改善，搬迁之后的集中安置也绝不意味着就能如此简单地使贫困户融入新的环境并稳定脱贫。政府需要在搬迁户彻底融入新的生活环境之前，有针对性地出台相应的帮扶措施，例如给搬迁户提供更多安置点供其选择，提供更多搬迁户之间相互合作、相互帮助的致富路径，使搬迁户在获得更好的谋生、致富手段的同时，更好地融入新的社会环境，从而真正实现脱贫。从这一角度出发，本文尝试提出如下政策建议。

首先，追高来村并不是自然生态环境特别恶劣的村落，从易地扶贫搬迁政策对搬迁户的"生计空间"的潜在影响来看，对于符合条件但不愿搬迁的建档立卡户，可在财政状况允许的情况下，给相对较贫困的建档立卡户提供与易地搬迁补贴力度相近的危房改造补贴。对于愿意搬迁的建档立卡户，则需要了解清楚其下一步的计划，必要时为其提供所需的帮助，尽量保证其不会因生计问题而返回原地务农或返贫。

其次，易地扶贫搬迁的目的并非仅将搬迁户从原来的住处搬出来，而是要切实解决这些住户的脱贫致富问题，在考虑安置点和搬迁户的未来发展时，应当谋求同目前的城镇化进程相结合的长远规划和发展。然而，考虑到腊尔山镇目前尚未开发成熟的旅游线路，旅游业推动的城镇化进程也尚未影响到腊尔山镇和追高来村，故而腊尔山镇安置点所能提供的就业岗位相对较贫乏，也未必符合搬迁户的实际需求。因此，对于仍然想要外出务工的搬迁户，政府可根据其务工意愿对其进行免费的就业技能培训，提高其技能水平。对于选择留下的，若愿意留在腊尔山镇，政府可根据其意愿，或提供贷款资助其从事小本生意，或在允许的情况下为其提供公益岗位，实现就业。对于想在县城或其他乡镇旅游景点找工作的，政府可为其提供相应的培训，而后按其意愿为其提供符合的岗位信息。

参考文献

〔印度〕阿马蒂亚·森:《以自由看待发展》,任赜、于真译,中国人民大学出版社,2002。

〔英〕安东尼·吉登斯:《现代性的后果》,田禾译,译林出版社,1990。

白南生、卢迈:《中国农村扶贫开发移民:方法和经验》,《管理世界》2000 年第 3 期。

曾湘泉:《"双转型"背景下的就业能力提升战略研究》,中国人民大学出版社,2010。

陈成文、谭日辉:《社会资本与大学生就业关系研究》,《高等教育研究》2004 年第 4 期。

陈辉:《过日子:农民的生活伦理——关中黄炎村的日常生活叙事》,社会科学文献出版社,2015。

陈建国:《教育致贫悖论及其解释》,《生产力研究》2008 年第 8 期。

陈文文:《我国农村精准扶贫困境研究》,安徽大学博士学位论文,2017。

程林辉:《教育"致贫"与教育扶贫》,《中共南昌市委党校学报》2004 年第 2 期。

樊坚:《云南拉祜族贫困乡的非经济因素分析》,《云南民族大学学报》(哲学社会科学版)2010 年第 5 期。

范开菊:《"教育致贫"及其规避路径》,《教育评论》2009 年第 2 期。

费孝通:《乡土中国》,上海人民出版社,2007。

付少平、赵晓峰:《精准扶贫视角下的移民生计空间再塑造研究》,《南京农业大学学报》(社会科学版)2015 年第 15 期。

〔美〕古德:《家庭》,魏章玲译,社会科学文献出版社,1986。

桂华、余练:《婚姻市场要价:理解农村婚姻交换现象的一个框架》,《青年研究》2010 年第 3 期。

韩央迪、张凯瑞:《我国农村社会政策最新研究述评》,《人口与经济》2010 年第 5 期。

韩峥:《脆弱性与农村贫困》,《农业经济问题》2004 年第 10 期。

韩峥:《广西西部十县农村脆弱性分析及对策建议》,《农业经济》2002 年第 5 期。

郝玉章、风笑天:《三峡外迁移民的社会适应性及其影响因素研究——对江苏 227 户移民的调查》,《市场与人口分析》2005 年第 6 期。

贺雪峰:《农村代际关系论:兼论代际关系的价值基础》,《社会科学研究》2009 年第 5 期。

贺雪峰:《农村低保实践中存在的若干问题》,《广东社会科学》2017 年第 3 期。

黄小琳:《贫困脆弱性度量及其影响因素研究——以红河哈

尼族彝族自治州农户数据为例》，云南财经大学硕士学位论文，2010。

靳薇：《青海三江源生态移民现状调查报告》，《科学社会主义》2014 年第 1 期。

李博、左停：《遭遇搬迁：精准扶贫视角下扶贫移民搬迁政策执行逻辑的探讨——以陕南王村为例》，《中国农业大学学报》（社会科学版）2016 年第 33 期。

李娜：《滇中彝区易地扶贫搬迁移民的社会适应——以永仁县彝族移民为例》，《毕节学院学报》2010 年第 7 期。

李巧玲：《国外农村劳动力转移理论及实践》，《世界农业》2014 年第 12 期。

李小云、张雪梅、唐丽霞：《当前中国农村的贫困问题》，《中国农业大学学报》2005 年第 4 期。

李小云等：《农户脆弱性分析方法及其本土化应用》，《中国农村经济》2007 年第 4 期。

刘宾志、滑运舍：《精准扶贫中转移就业面临的困难与对策》，《领导之友》，2016 第 23 期。

刘成良：《贫困的代际逆传递——基于华北、中部农村贫困问题的研究》，《社会保障研究》2016 年第 2 期。

刘培伟：《地方"变通"：理解中国治理过程的关键词》，《浙江社会科学》2015 年第 7 期。

刘鹏、刘志鹏：《街头管理政策变通执行的类型及其解释——基于对 H 县食品安全监管执法的案例研究》，《中国行政管理》2014 年第 5 期。

刘小珉：《贫困的复杂图景与反贫困的多元路径》，社会科学文献出版社，2017。

刘燕舞:《论"奔头"——理解冀村农民自杀的一个本土概念》,《社会学评论》2014 年第 5 期。

麻朝晖:《我国的贫困分布与生态环境脆弱相关度之分析》,《绍兴文理学院学报》(哲学社会科学版) 2003 年第 23 期。

马春华等:《转型期家庭结构和家庭关系变迁》,社会科学文献出版社,2010。

〔英〕马尔萨斯:《人口原理》,陈小白译,华夏出版社,2012。

〔美〕讷克斯:《不发达国家的资本形成问题》,谨斋译,商务印书馆,1996。

欧阳静:《策略主义——桔镇运作的逻辑》,中国政法大学出版社,2011。

欧阳静:《策略主义与维控型政权——官僚化与乡土性之间的乡镇》,华中科技大学博士学位论文,2010。

彭华安:《"教育致贫"悖论及其消解》,《教育导刊》2009 年第 1 期。

阮品江、张林洪:《少数民族地区水库移民的无形损失及其补偿研究》,《人民长江》2015 年第 46 期。

施国庆、严登才、孙中艮:《水利水电工程建设对移民社会系统的影响与重建》,《河海大学学报》(哲学社会科学版) 第 2015 年第 17 期。

施国庆、郑瑞强:《扶贫移民:一种扶贫工作新思路》,《甘肃行政学院学报》2010 年第 4 期。

〔美〕舒尔茨:《人力资本的投资——教育和研究的作用》,

蒋斌、张蘅译,商务印书馆 1990。

谭学兰:《农村"因学致贫"的形成机理与政策建议》,兰州大学硕士学位论文,2014。

唐灿、张建主编《家庭问题与政府责任》,社会科学文献出版社,2013。

田恒平:《"因教致贫"的原因分析及对策研究》,《教学与管理》2008 年第 9 期。

田晓红、李涛:《民族地区"教育致贫"发生机制与"教育治贫"对策——基于三个民族地区的对比研究》,《中南民族大学学报》(人文社会科学版)2011 年第 6 期。

佟玉权、龙花楼:《脆弱生态环境耦合下的贫困地区可持续发展研究》,《中国人口·资源与环境》2003 年第 2 期。

万广华、刘飞、章元:《资产视角下的贫困脆弱性分解:基于中国农户面板数据的经验分析》,《中国农村经济》2014 年第 4 期。

王成新、王格芳:《我国农村新的致贫因素与根治对策》,《农业现代化研究》2003 年第 5 期。

王春光、孙兆霞:《分享共赢视角下的武陵山区扶贫开发与社会建设》,《贵州社会科学》2013 年第 10 期。

王宏甲:《塘约道路》,人民出版社,2016。

王丽华:《贫困人口分布、构成变化视阈下农村扶贫政策探析——以湘西八个贫困县及其下辖乡、村为例》,《公共管理学报》2011 年第 2 期。

王艳华:《教育致贫成因解析》,《教育科学论坛》2012 年第 12 期。

王跃生:《中国当代家庭、家户和家的"分"与"合"》,《中国社会科学》2016年第4期。

韦志明:《农村"因教致贫"现象的反思》,《安徽农业科学》2007年第25期。

文宏、谭学兰:《农村家庭"因教致贫"现象解读与政策建议——基于脆弱性理论视角》,《西北农林科技大学》(社会科学版)2015年第2期。

夏莉艳:《农村劳动力流失对农村经济发展的影响及对策》,《南京农业大学学报》(社会科学版)2009年第1期。

夏柱智、贺雪峰:《半工半耕与中国渐进城镇化模式》,《中国社会科学》2017年第12期。

夏柱智、贺雪峰:《半工半耕与中国渐进城镇化模式》,《中国社会科学》2017年第12期。

邢成举:《结构性贫困与精英俘获》,《团结》2016年第4期。

许烺光:《祖荫下:中国乡村的亲属、人格与社会流动》,台北南天书局,2001。

杨小敏:《"教育致贫"的形成机制、原因的对策》,《复旦教育论坛》2007年第3期。

易俗、田杰:《农业劳动力转移理论及就业培训机制研究》,《安徽农业科学》2009年第34期。

余世华:《"因教致贫"问题研究》,华中师范大学硕士学位论文,2006。

岳天明:《"流动"的时代与"留守"的必然——对农村"留守儿童"现象的社会学解读》,《学习与实践》2014年第9期。

翟学伟:《土政策的功能分析——从普遍主义到特殊主义》,

《社会学研究》1997 年第 3 期。

张德元:《农村的人文贫困与农村的制度贫困》,《人文杂志》2002 年第 1 期。

张国刚:《家庭史研究的新视野》,三联书店,2004。

张华山、周现富:《水库移民可持续生计能力分析——以阿坝州典型水电工程为例》,《水利经济》2012 年第 30 期。

张立冬:《中国农村贫困代际传递实证研究》,《中国人口·资源与环境》2013 年第 6 期。

张琦、史志乐:《我国贫困家庭的教育脱贫问题研究》,《甘肃社会科学》2017 年第 3 期。

张永丽、刘卫兵:《"教育致贫"悖论解析及相关精准扶贫策略研究——以甘肃 14 个贫困村为例》,《经济地理》2017 年第 9 期。

赵慧珠:《中国农村社会政策的演进及问题》,《东岳论丛》2007 年第 1 期。

赵强社:《扶贫模式演进与新时期扶贫对策探析》,《西部学刊》2013 年第 2 期。

郑瑞强、施国庆:《扶贫移民权益保障与政府责任》,《重庆大学学报》(社会科学版)2011 年第 17 期。

钟玲、左停:《制度、政策与穷人的脆弱性》,《经济研究参考》2012 年第 38 期。

钟文晶、罗必良:《禀赋效应、产权强度与农地流转抑制——基于广东省的实证分析》,《农业经济问题》2013 年第 3 期。

周雪光:《权威体制与有效治理:当代中国国家治理的制度逻辑》,《开放时代》2011 年第 10 期。

庄垂生:《政策变通的理论：概念、问题与分析框架》,《理论探讨》2000 年第 6 期。

《2000/2001 年世界发展报告》编写组:《2000/2001 年世界发展报告》, 中国财政经济出版社, 2001。

Dercon S. Risk, "Poverty and Vulnerability in Africa," *Journal of African Economies* 14, 4 (2005).

Oscar Lewis, *Five Families: Mecican Case Studies in the Culture of Poverty* (New York: Basic Books,1959).

后　记

　　本书是中国社会科学院国情调研特大项目"精准扶贫精准脱贫百村调研"的子项目"一个苗族贫困村的精准扶贫实践：以凤凰县腊尔山镇追高来村为例"的最终成果。课题组组长为中国社会科学院民族学与人类学研究所的刘小珉研究员。课题组成员为中国社会科学院社会学所的石金群副研究员，中国社会科学院研究生院的博士生刘诗谣、龙彦亦、王双识，及硕士生陈俊鹏、高晋，中国人民大学的博士生张帅。课题组全体人员参加了在凤凰县相关政府部门及该县追高来村的调研，并基于调研撰写完成本书。刘小珉设计全书整体框架和写作大纲，并对全书进行了统稿和审定。全书各章具体写作分工如下：

　　第一章：刘小珉

　　第二章：石金群

　　第三章：张帅

　　第四章：王双识

　　第五章：陈俊鹏、高晋

　　第六章：刘诗谣

　　第七章：龙彦亦

本次调研得到了凤凰县委、县政府，特别是凤凰县政府办、宣传部、民宗局、教育局、旅游文化局、林业局、畜牧局、农业局、扶贫办、县精准脱贫攻坚领导小组办公室、精准脱贫"十项工程"综合协调办公室、驻村扶贫工作领导小组办公室、扶贫开发领导小组办公室等部门的大力支持和配合，所有这些部门的领导和工作人员，都对我们的调研工作给予了热情的接待和支持，为我们提供相关资料，并就相关问题和我们座谈、讨论。

　　我们在深入凤凰县腊尔山镇追高来村进行调研的过程中，腊尔山镇所有镇干部及该镇追高来村所有村干部均热情接待，他们全面介绍镇、村经济社会发展情况，特别是精准扶贫精准脱贫的总体情况。同时，他们积极协助我们抽样，并联络我们通过抽样选择的农户，引导我们入户访谈。我们访谈的所有农户，同样既极其热情又不厌其烦，一边回答我们提出的各种问题，一边拿出家中好吃的东西招待我们。

　　笔者在这里一并向上述机构、领导、干部和接受我们访谈的农民朋友表示最衷心的感谢！

刘小珉

2018 年 4 月 16 日

图书在版编目 (CIP) 数据

精准扶贫精准脱贫百村调研. 追高来村卷：反贫困
的多元路径 / 刘小珉等著. -- 北京：社会科学文献出
版社, 2018.12
　　ISBN 978-7-5201-3702-7

　　Ⅰ.①精⋯　Ⅱ.①刘⋯　Ⅲ.①农村－扶贫－调查报告
－凤凰县　Ⅳ.①F323.8

　　中国版本图书馆CIP数据核字（2018）第240340号

·精准扶贫精准脱贫百村调研丛书·
精准扶贫精准脱贫百村调研·追高来村卷
　　——反贫困的多元路径

著　　者 / 刘小珉 等

出 版 人 / 谢寿光
项目统筹 / 邓泳红　陈　颖
责任编辑 / 郑庆寰　王　展

出　　版 / 社会科学文献出版社·皮书出版分社　（010）59367127
　　　　　　地址：北京市北三环中路甲29号院华龙大厦　邮编：100029
　　　　　　网址：www.ssap.com.cn
发　　行 / 市场营销中心（010）59367081　59367083
印　　装 / 三河市尚艺印装有限公司

规　　格 / 开　本：787mm×1092mm 1/16
　　　　　　印　张：14.5　字　数：141千字
版　　次 / 2018年12月第1版　2018年12月第1次印刷
书　　号 / ISBN 978-7-5201-3702-7
定　　价 / 59.00元